“十二五”国家重点图书
新能源法律与政策研究丛书
总主编　杨泽伟

中国与欧盟能源应急合作法律问题研究

程荃　著

WUHAN UNIVERSITY PRESS
武汉大学出版社

图书在版编目(CIP)数据

中国与欧盟能源应急合作法律问题研究/程荃著．—武汉：武汉大学出版社，2017.8
新能源法律与政策研究丛书/杨泽伟总主编
“十二五”国家重点图书
ISBN 978-7-307-19589-9

Ⅰ.中…　Ⅱ.程…　Ⅲ.能源经济—经济合作—能源法—研究—中国、欧洲　Ⅳ.①D922.674　②D950.26

中国版本图书馆 CIP 数据核字(2017)第 187097 号

责任编辑:张　欣　　　责任校对:汪欣怡　　　版式设计:马　佳

出版发行：**武汉大学出版社**　(430072　武昌　珞珈山)
(电子邮件：cbs22@whu.edu.cn　网址：www.wdp.com.cn)
印刷：虎彩印艺股份有限公司
开本：720×1000　1/16　印张:10　字数:143 千字　插页:1
版次：2017 年 8 月第 1 版　2017 年 8 月第 1 次印刷
ISBN 978-7-307-19589-9　定价:39.00 元

教育部人文社会科学研究项目“中国与欧盟能源应急合作法律问题研究”成果（项目批准号：13YJC820011）

中国清洁发展机制基金资助出版

目　录

绪　论

能源是人类文明进步的物质基础，是社会发展不可或缺的基本条件。近年来，中国能源对外依存度上升较快，特别是石油对外依存度从本世纪初的32%上升至目前的57%，石油海上运输安全风险加大，跨境油气管道安全运行问题不容忽视，国际能源市场价格波动增加了保障国内能源供应的难度①。总体看来，中国能源应急能力相对较弱，能源安全形势严峻。

习近平总书记2014年6月13日主持召开中央财经领导小组第六次会议，研究我国能源安全战略时强调，能源安全是关系国家经济社会发展的全局性、战略性问题，对国家繁荣发展、人民生活改善、社会长治久安至关重要。面对能源供需格局新变化、国际能源发展新趋势，保障国家能源安全，必须推动能源生产和消费革命。习近平在推动能源生产和消费革命的五点要求中提出要全方位加强国际合作，实现开放条件下的能源安全。在主要立足国内的前提条件下，在能源生产和消费革命所涉及的各个方面加强国际合作，有效利用国际资源。

当前，“一带一路”建设是中国加强区域经济合作的重大战略，是一项造福世界各国人民的伟大事业。在“一带一路”战略合作重点的阐述中，中国政府在多处强调国际能源合作。其中与能源应急合作最紧密相关的是，中国希望加强能源基础设施互联互通合作，共同维护输油、输气管道等运输通道安全，推进跨境电力与输电通道建设，积极开展区域电网升级改造合作。

---

① 国务院新闻办公室，2012年10月24日发布的《中国的能源政策（2012）》白皮书。

能源应急是指国家为应对能源供应严重短缺、供应中断、价格剧烈波动等能源紧急事态，采取各种措施确保社会生产和生活的基本能源供应，以保障经济平稳和社会稳定的一种制度。能源应急法律规范是反映国家能源战略与规划，规范政府、企业及公民能源储备与应急行为的准则，能源应急体系的建立离不开法律的保障。在国际能源合作中，法规和政策处于重要的基础地位，可以明确参与国之间的关系，为合作机制的运行提供保障。世界各国非常重视相关法律、法规的制定，为发展国际能源合作创造良好的国际法制环境。

一、本研究的理论和实际应用价值

“中国与欧盟①能源应急合作法律问题研究”的理论和实际应用价值主要包括以下几个方面：

（一）理论价值

1. 有利于促进国际能源应急合作理论的发展

欧盟及其自成一类的法律体系在诸多领域引领国际法律秩序的变革，同时又给国际法律秩序在处理稳定与变革问题上带来挑战。中国与欧盟之间的能源关系从矛盾、竞争、冲突到合作，是一个发展的过程。本研究在研究欧盟能源应急法律体系的基础上，探索中国与欧盟能源应急国际合作的原则，对有关国际能源合作的理论进行创新性发掘。

2. 有利于推动我国能源应急理论的发展

本研究在经济全球化、贸易自由化、气候变化的背景下，具体分析欧盟与中国所面临的能源问题，分析能源危机产生的原因、能源应急法律的发展及其体系构成。本研究兼顾能源应急制度的环境因素、技术因素、政治因素和国家安全因素，推动我国能源应急理论的发展。

① 欧盟全称为欧洲联盟，本研究计划中使用的“欧盟”一词涵盖了“欧共体”的概念。

（二）实际应用价值

1. 有利于我国把握当今国际能源合作的发展趋势

欧盟作为世界重要一极，研究其能源应急法律政策，探讨与欧盟开展能源应急合作的法律问题，有利于加强对政府间能源应急合作的认识，把握当今国际能源合作的发展趋势，特别是有利于应对气候变化和经济全球化对我国能源安全、经济安全、生态安全带来的挑战。

2. 为我国开展区域和全球能源应急合作提供重要参考

2012 年 11 月 6 日，中国总理李克强在第九届亚欧首脑会议第二次领导人会议上表示，“亚欧要研究建立重大灾害应急救援合作机制……能源安全是关系国计民生的重大问题，亚洲和欧洲的能源生产国、消费国和运输国应共同努力，树立互利合作、多元发展、协同保障的新能源安全观”。中国与欧盟能源应急合作法律问题研究，是对国家（国际组织）内部与外部、发达国家与发展中国家之间、能源进口国之间、能源进口国与过境国及出口国之间合作的原则、规则和制度的探索，不但可以正确认识国际能源市场规则的发展变化，还能为我国开展区域和全球能源应急合作提供重要参考。

3. 对我国能源应急法律体系建设提出建议

我国能源突发事件的发生频率不断增加，种类和区域范围不断扩大，建立有效的能源应急法律体系具有战略紧迫性和重大意义。虽然我国在《能源法》（征求意见稿）第八章专门规定了能源应急制度，但是还远远未能建立系统的能源应急法律体系。作为一个特殊的国际组织，欧盟近 20 年来在能源法制定方面异常活跃，通过对欧盟能源应急法律与政策的确立背景、发展情况、政策效果的研究，可以为其他国家和地区建立共同能源市场、应对环境和气候变化的挑战提供借鉴。作为快速崛起的发展中能源消费大国，中国尤其需要借鉴欧盟的经验。本课题研究在综合欧盟经验与中国国情的基础上，对中国能源应急法律体系建设提出建议。

4. 为政府能源应急合作方面的决策提供智力支持

能源安全关系到国家经济安全，并涉及政治、军事、外交等各个方面，影响一个国家的社会稳定、政治安全、军事安全和外交安全。能源应急体系具有公共物品特征，以政府为主导构建中国能源应急体系是必然逻辑，“顶层设计”对指导能源应急体系的发展与改革意义重大。欧盟及其成员国把能源与环境、竞争、对外关系、贸易、发展、科学研究等领域的相关政策相结合，形成能源应急保障的长期性战略措施。中国政府与欧盟开展在能源应急方面开展合作是现实需要。本课题研究力图全面、客观、正确掌握欧盟能源应急法律政策，从而加深中国对欧盟能源战略研究的深度，能够为政府的相关决策提供智力支持，有利于扩大中国与欧盟能源合作的深度与广度。

二、目前国内外研究现状和趋势

国内外还没有关于中国与欧盟能源应急合作法律问题的专门研究。但是，在能源安全、能源应急、欧盟能源安全、中国能源安全以及中欧能源合作等相关方面，发达国家与中国都展开了研究。

（一）国外研究

1. 能源安全与能源应急是发达国家长期研究的热点课题

国外学界很早就开始关注能源安全问题，1961 年 Harold Lubell 发表论文 *Security of Supply and Energy Policy in West Europe*（World Politics，Vol. 13，No. 3，1961）。1973 年石油危机以后，能源安全方面的著述不胜枚举，研究视角也很广阔。能源应急问题的研究同时兴起，早期多从政治学角度开展研究，主要著述包括 Ninna Rosio，*Emergency System of the International Energy Agency*（Nordic Journal of International Law，1976）Nancy L. Ginn，*Energy Emergency Preparedness：An Overview of State Authority*（Washington，D. C.：National Governors' Association，1978），Steven Kelman，*Using implementation research to solve implementation problems：The case of energy emergency assistance*（Journal of Policy Analysis and Management，Vol. 4，Issue1，Autumn（fall）1984）；随后从法学、经济学、管理学等角度开展的研究不断涌现，如 Earle H. O' Donnell 等的论文 *Energy Emergency：Constitutional Constrains on State*

Efforts to Control Oil Supplies and Prices（Energy Law Journal, Vol 5, 1984）Aamodt Jason Bjorn, *Regulating the Standard of Care Owed to the Public during an Emergency at a Nuclear Power Plant*（Energy Law Journal, Vol. 16, 1995）, RP Hmlinen 等的 *Multiattribute Risk Analysis in Nuclear Emergency Management*（Risk Analysis, Vol. 20, Issue 4, 2000）, Jenny Palmd, *Emergency Management in the Swedish Electricity Market: the Need to Challenge the Responsibility Gap*（Energy Policy, Vol. 36, Issue 2, February 2008）等。

2. 对欧盟能源安全与能源应急问题的研究较为丰富

外国学者在全面深入研究欧盟能源法的基础上，对欧盟能源安全和应急问题开展研究。近期的主要研究包括 Andrei Belyi, *New Dimensions of Energy Security of the Enlarging EU and Their Impact on Relations with Russia*（Journal of European Integration Vol. 25, Issue 4, 2003）Gawdat Bahgat, *Europe' s Energy Security: Challenges and Opportunities*,（International Affairs, Vol. 82, No. 5, 2006）Carlos Padros 等的 *Security of Energy Supply: When Could National Policy Take Precedence over European Law?*（Energy Law Journal, Vol. 31, No. 1, 2010）及 Jale Tosun, *Emergency Oil Stocks in Southeastern and Eastern Europe: What Explains Variation in Convergence towards the EU Model?*（Energy Policy, Vol. 46, July 2012）等。

3. 中国与欧盟的能源关系成为国外近期的研究焦点

国外学者在中欧关系研究中特别关注了能源领域的竞争与合作，例如 David Shambaugh 等主编的 *China-Europe Relations: Perceptions, Policies and Prospects*（New York: Routledge, 2008）和 Nicola Casarini 所著 *Remaking Global Order: The Evolution of Europe-China Relations and its Implications for East-Asia and the United States*（Oxford University Press, 2009）。荷兰近年还连续出版了由 Mehdi Parvizi Amineh 等主编的两部有关中欧能源关系问题的著述：*The Globalization of Energy: China and the European Union*（2010）, *Secure Oil and Alternative Energy: the Geopolitics of Energy Paths of China and the Eropean Union*（2012）。

（二）国内研究

1. 国内主要从管理学角度开展能源应急研究

主要著作有李江涛《能源应急管理：国际实践与中国探索》（经济科学出版社，2011）、李继尊《中国能源预警模型研究》（中国石油大学博士论文，2007）等。能源应急法律制度研究极少，只有廖建凯《我国能源储备与应急法律制度及其完善》（《西部法学评论》2010 年第 2 期）、宋丽娟《中国能源储备法律制度研究》（郑州大学硕士论文，2007）等少数论文。

2. 能源安全研究以油气安全为主，能源国际合作研究以与能源输出国的合作为主

前者主要有王家枢《石油与国家安全》（地震出版社，2001）、吴磊《中国石油安全》（中国社会科学出版社，2003）、赵庆寺《20 世纪 70 年代石油危机与美国石油安全体系》（复旦大学博士论文，2003）等；后者包括宋魁《中俄油气合作现状、前景和影响》（哈尔滨出版社，1999）、杨中强《中东石油与 21 世纪的中国石油安全》等。

3. 从法律角度研究能源安全的著作开始出现

最有影响力的著作是黄进教授主编的《中国能源安全问题研究——法律与政策分析》（武汉大学出版社，2008）和中国政法大学出版社 2009 年出版的《中国能源安全法律保障研究》。

4. 对欧盟能源法律与政策的研究起步较晚

从法律的角度研究的主要成果有论文《欧盟能源法律政策及其对我国的启示》、专著《欧盟新能源法律与政策研究》等。另有一些学者从国际政治、政策分析的角度对欧盟的能源政策进行研究。把能源安全作为研究对象的有崔宏伟《欧盟能源安全战略研究》（知识产权出版社，2010），杨光《欧盟能源安全战略及其启示》（《欧洲研究》2007 年第 5 期）等。

综上所述，国内相关研究以介绍性和概述性为主，对欧盟与中国能源关系进行研究的论著较少；比较而言，国外对能源安全问题的研究广泛而深入，对中欧能源关系的有关研究领先于国内。另外，随着国际能源形势的变化，有关研究内容由能源安全、能源应

急走向能源国际合作，中国与欧盟的能源合作逐步成为研究主题之一。

三、研究目标

本研究的总体目标为：研究所取得的阶段性成果和最终成果，能够有针对性地为立法机关、政府及有关职能部门解决建立中国能源应急制度、参与国际能源合作、中国与欧盟能源应急合作等方面的问题，提供科学的法律和政策依据、方法和措施。

本研究的具体目标包括四个方面：

1. 研究欧盟能源应急法律政策的发展及其框架体系；

2. 分析影响中国与欧盟能源应急合作的主要法律障碍，提出对策；

3. 对中国与欧盟能源应急合作法律机制提出合理构想；

4. 恰当借鉴欧盟能源应急立法经验，对构建中国能源应急法律体系提出建议。

四、研究内容

“中国与欧盟能源应急合作：法律问题与机制构建”的主要内容包括以下五个部分：

第一部分　中国与欧盟能源现状及合作意义

中国和欧盟是当今世界两大能源消费实体，他们在能源生产和消费上既有共性，又有各自不同的特点。根据欧盟和中国国家统计局公布的最新资料，分析两大实体各自的能源状况，从而了解其国际能源合作需求。中国和欧盟进行国际能源应急合作，对于双方应对能源危机、保障能源安全、承担国际气候责任、完善能源应急法律制度具有积极意义。

第二部分　欧盟国际能源应急合作的法律实践

欧盟能源应急体系不是一个自我封闭的体系，而是建立在与世界主要国际能源组织、能源生产国、消费国广泛合作的基础上的。经过几十年的发展，欧盟已经在内部形成了较为完整、成熟的独特体系。在欧盟内部和国际两个层面上对欧盟国际能源应急合作的法律实践进行研究。一方面聚焦于欧盟能源安全观念的转变、欧盟能源应急制度发展；另一方面关注欧盟国际能源应急合作，主要包括国际能源机构应急协调行动、建立国际运输网络、开展全球能源对话、建立多种能源合作关系等。

第三部分　中国与欧盟能源应急合作的现状和问题

完善国际能源市场监测和应急机制，保障各国用能需求，维护能源市场正常秩序，公平合理的国际能源治理机制是维护世界能源市场稳定的重要条件。能源进口国（地区）之间需要进一步加强合作，共同维护国际能源通道安全和畅通，减少地缘政治纷争对全球能源供应的干扰。国际能源应急合作模式的建立和运行需要有相应的国际法律规范加以调整。本研究在充分研究欧盟能源应急法律、政策的基础上，分析中国与欧盟能源应急合作方面的现有基础，以及存在的主要法律障碍，为进一步探讨对策，解决相关问题做好准备。

第四部分　中国与欧盟能源应急合作法律机制构想

在目前缺乏全球统一的国际能源合作组织、法律机制的情况下，能源进口国多从自身利益出发，重视与能源输出国进行多边或双边合作。而实际上，能源进口国之间的合作是应对能源危机的重要方式。中国及欧盟在国际能源合作中，都在加强与全球能源生产国、过境国、消费国展开多层次的能源对话和合作。各自在促进能源供应多元化的同时，努力保障国际能源市场的正常运转，促进全球节能减排、发展新能源，提高能源应急能力，确保能源安全。本研究在分析中国与欧盟参与国际能源合作的实践基础上，系统论证中国与欧盟能源应急合作的法律原则、多边机制下的合作方式，以及对建立双边能源应急合作机制提出构想。

第五部分　中国能源应急法律体系的发展与完善

欧盟在工业化和全球化进程中具有率先性，其在世界范围内的能源控制力高于发展中国家。能源是欧盟最早通过法律和机制进行单独管理的部门领域之一。1968 年，为了应对自身所面临的国际能源安全挑战，欧盟就颁布了“理事会关于原油及油品最低储备的指令”，规定了各成员国有义务储备相当于上年 90 天消费的石油产品，以便在石油进口中断或价格暴涨的情况下应急使用，是为欧盟能源应急立法的开端。欧盟能源应急法律体系经过了长时期的发展，已经形成了包括能源储备、内部能源市场、跨欧能源网络、节能增效、可再生能源、核能安全、技术研发与创新等方面的完整体系，具有法律规范和规则全面、储备模式符合自身特点、资金筹措渠道多样化、应急机制综合化和国际合作全方位等特点。本研究探讨欧盟能源应急法律与政策的发展过程，系统分析其体系、内容、发展趋势，在综合欧盟经验与中国国情的基础上，探索中国能源应急管理机制、法制、预案体系建设应遵循的法律原则与基本框架，对构建中国能源应急法律体系提出建议。

五、拟突破的重点和难点

（一）本研究的重点

本研究拟突破的重点是提出排除中国与欧盟能源应急合作的法律障碍的措施，对中国与欧盟能源应急合作法律机制进行合理构想。即一方面要准确发现和全面分析合作中的主要法律问题，并提出解决问题的有实践意义的方法；另一方面要在新能源安全观的指导下，创新性地对有关法律机制的构建提出设想。

（二）本研究的难点

本研究的难点主要有以下两个方面：

1. 如何构建中国与欧盟这两大能源进口实体进行能源应急合作的法律机制？是利用现有的全球性、区域性合作组织、国际论坛，还是创建新的能源应急合作的法律组织形式来解决双方共同面临的国际能源领域的法律问题？

2. 中国与欧盟之间在能源应急方面存在不同的原则、目标、特征、路径和方法。因此，在能源应急立法方面不能简单模仿，必须符合中国国情。如何恰当地将借鉴经验与立足国情相结合发展和完善中国能源应急法律体系？

六、研究思路

1. 从内部和外部两个维度入手，研究欧盟能源应急法律与政策，探索其内容体系、演进过程及发展趋势。在此基础上，立足国情，提出完善中国能源应急法律体系的建议。

2. 从国际法角度研究欧盟国际能源应急合作法律实践，再结合中国开展国际能源合作的实际，以国际法与国内法相结合、理论与实践相结合的方式，分析中国与欧盟能源应急合作的法律障碍，提出解决问题的对策。

3. 在研究当前中国与欧盟能源应急合作中的主要国际法原则，阐释相关国际法理论，再结合中国与欧盟能源应急合作的现状，提出构建中国与欧盟能源应急合作的法律机制的设想。

七、研究方法

1. 运用文献分析法、制度分析法、比较分析法以及国际法与国内法相结合的方法，研究欧盟能源应急法律体系的构成、目标与特点及中国能源应急法律体系的构建。

2. 运用国际法理论和方法全面系统地研究中国与欧盟能源应急合作的原则，构想中国与欧盟能源应急合作机制。

第一章　中国与欧盟的能源状况及合作的意义

国际合作原则是国际法的一项基本原则，是现代国家间相互依存、共同发展的根本体现。“促成国际合作”是《联合国宪章》的宗旨之一，联合国会员国“务当同心协力”，维护国际和平与安全，促进人类社会进步。《国际法原则宣言》也将依照联合国宪章彼此合作作为各国必须遵守的义务，而此等合作构成“国际法的基本原则”①。国际能源合作是能源生产国、能源消费国、能源中转国或过境国之间的能源交往行为。中国作为世界上最大的能源生产国和消费国，对国际能源合作的需求也在不断增强，也需要参与国际能源合作的法律机制构建，在建立全球能源新秩序中发挥应有的作用。

能源应急制度是应对能源紧急状态，采取各种措施确保社会生产和生活的基本能源供应，以保障经济平稳和社会稳定的一种制度②。欧美发达国家的能源法律制度对国际能源合作产生重要影响。自从第一次石油危机爆发以来，欧盟作为一个特殊的国际组织，在能源应急法律政策制定方面异常活跃。欧盟及其成员国把能源与环境、竞争、对外关系、贸易、发展、科学研究等领域的相关政策相结合，形成能源应急保障的长期性战略措施，把能源应急法律与政策体系化，为其他国家和地区建立共同能源市场、应对环境

---

① 参见梁西主编：《国际法》（修订第二版），武汉大学出版社 2003 年版，第 50~51 页。

② 参见廖建凯：《我国能源储备与应急法律制度及其完善》，载《西部法学评论》2002 年第 2 期，第 111~115 页。

和气候变化等各类危机提供借鉴。

第一节　中国与欧盟能源生产与消费基本状况

根据2015年公布的数据①，2013年全球能源消费总量为91亿7千3百万吨石油当量（TOE，ton of oil equivalent）②。如果按照国家和地区来划分，中国是第一大能源消费国，该年度能源消费量约占全球能源总消费的20%；美国能源消费量约占全球总消费的16%，位居第二；欧盟28国作为整体，消费总量排在第三位，约占全球总消费的12%（见表1.1、图1.1）。

表1.1　　世界能源消费情况（按地区划分）

（单位：百万吨石油当量）

	1995	2000	2005	2010	2013
欧盟28国	1127	1176	1235	1203	1139
中国	797	825	1171	1534	1823
美国	1378	1546	1561	1501	1495
亚洲（不含中国）	643	746	878	1067	1174
非洲	325	370	436	508	555
俄罗斯	458	418	412	446	434
中东	202	243	315	415	452
其他地区	1623	1761	1920	2048	2101
全球	6554	7085	7928	8723	9173

① See Pocketbook Energy 2015, Luxembourg: Publications Office of the European Union, 2016, p. 14.

② 根据Eurostat的定义，吨石油当量是能源常用单位，等同于能从一吨原油中提取的能源的量。(1 TOE = 41.868 Gigajouels = 11.63 MWh)

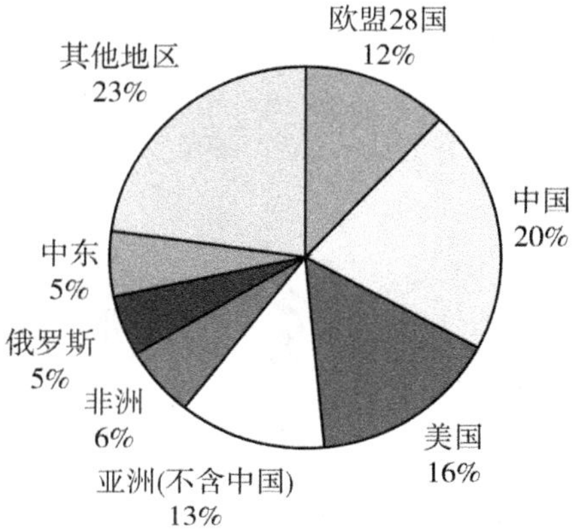

图 1.1　各地区能源消费占世界能源总消费比例

作为世界两大能源消费实体，中国与欧盟开展能源应急合作对于应对能源危机、保障能源安全、承担国际气候责任等，都具有现实意义。另外，中国也需要借鉴欧盟的经验，在全面了解欧盟能源应急法律政策发展的基础上，完善国内能源应急法律与政策体系，为提高自身的能源应急能力提供更好的制度保障。

一、欧盟能源生产与消费的基本状况

根据欧洲议会 2014 年 6 月 24 日公布的数据①，2012 年，欧盟 28 个成员国国内能源生产总量为 7 亿 9 千 5 百万吨石油当量，总能源消费②为 16 亿 8 千 300 万吨石油当量。28 个成员国各自的生产量如图 1.2 所示。

欧盟各国能源生产的类型和各自的产量差别很大，主要包括核

① See Giulio Sabbati and Carmen-Cristina Cirlig, Energy Supply in the EU 28, Members' Research Service of European Parliament, 24/06/2014, pp. 1-2.

② 这里总能源消费指欧盟总的内部消费，包括能源部门自身的消费、分配与运输损耗、终端用户总能源消费（例如工业、农业、住户消费）。

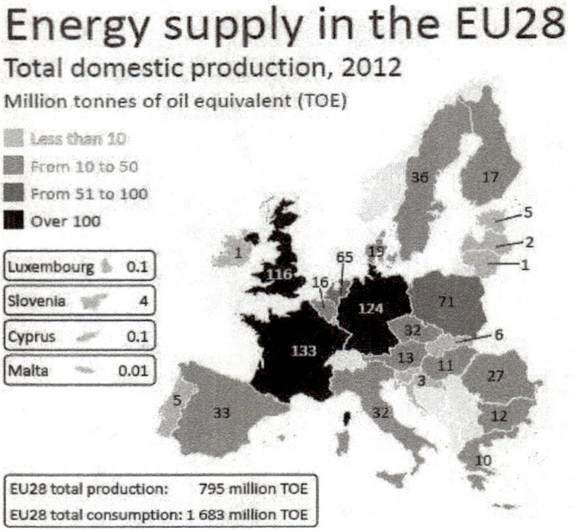

图 1.2　欧盟 28 能源供应国内总生产量

能、可再生能源、固体燃料（主要是煤）、天然气和原油（包括所有石油产品）以及“其他”（主要是指不可再生的废物能源）。其中，核能在能源生产结构中占最大份额，占能源总产量的 28.7%。法国 1 亿 3 千 3 百吨石油当量的产量中，核能超过 80%。各国分类型能源生产状况如图 1.3 所示。

欧盟对外能源依存度①高，2012 年欧盟进口能源总量为 9 亿 2 千 3 百万吨石油当量，总的依存度达到 53.4%。其中，原油依存度 86.4%，天然气依存度 65.8%，固体燃料依存度 42.2%。欧盟 28 国中只有丹麦是能源净出口国。欧盟的原油对外依存度非常高，除

① 能源依存度显示一个经济体必须进口的能源的比例。即净进口量除以内部总消费与向国际海运供应的燃料之和，以百分比表示。负数表示是纯出口国，正数则表示依赖进口，超过 100%表示所显示的年份有能源被储备起来，空白表示无相关数据。

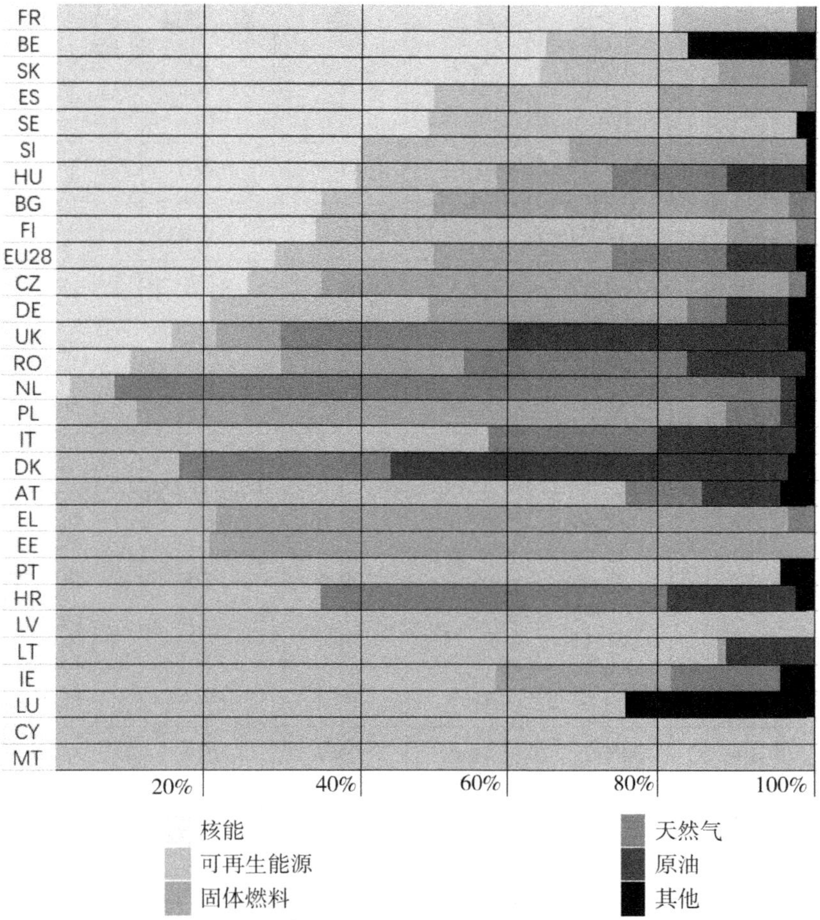

图 1.3　欧盟各成员国分类型能源生产状况

了英国（36.3%）、罗马尼亚（51.4%）、爱沙尼亚（60%）以外，其余国家几乎都超过 80%。欧盟各成员国对外能源依存度及净进口情况如表 1.2 所示。

表 1.2　**2012 年欧盟各成员国对外能源依存度及净进口情况**

国名	依存度(%)	原油(%)	天然气(%)	固体燃料(%)	净进口(百万吨)
MT	100. 5	100. 8			2
LU	97. 4	100. 5	99. 7	100. 0	4
CY	97. 0			100. 0	3
IE	84. 8	98. 5	95. 6	55. 4	12
IT	80. 8	90. 1	90. 2	96. 7	134
LT	80. 3	93. 0	100. 1	89. 2	6
PT	79. 5	100. 9	99. 7	103. 3	18
BE	74. 0	99. 3	98. 6	94. 2	46
ES	73. 3	96. 7	99. 6	76. 5	99
EL	66. 6	101. 3	100. 3	2. 3	20
AT	63. 6	91. 5	86. 3	102. 6	21
DE	61. 1	96. 0	85. 7	40. 0	197
SK	60. 0	89. 7	89. 8	89. 7	10
LV	56. 4	101. 7	113. 8	95. 2	3
HR	53. 6		37. 1	87. 9	4
EU28	53. 4	86. 4	65. 8	42. 2	923
HU	52. 3	80. 8	72. 9	36. 8	12
SI	51. 6	105. 0	99. 8	21. 5	4
FR	48. 1	97. 9	96. 6	95. 1	125

续表

国名	依存度（%）	原油（%）	天然气（%）	固体燃料（%）	净进口（百万吨）
FI	45.4	92.5	100.0	57.7	16
UK	42.2	36.3	47.0	69.5	87
BG	36.1	96.9	83.3	21.4	7
NL	30.7	96.7	-74.5	83.6	29
PL	30.7	94.7	73.8	-6.9	30
SE	28.7	95.4	99.1	78.2	15
CZ	25.2	95.3	89.0	-13.0	11
RO	22.7	51.4	21.2	16.6	8
EE	17.1	60.0	100.0	0.5	1
DK	-3.4	-34.8	-54.0	93.7	-1

图 1.4 显示的是欧盟原油、天然气、固体燃料欧盟的主要能源供应国（2012 年）情况①。俄罗斯是以上三种类型能源的最大供应者，挪威是天然气和原油的主要供应者。原油供应国前五位是俄罗斯（32.5%）、挪威（9.9%）、沙特阿拉伯（7.25%）、利比亚（6.7%）、尼日利亚（6.3%）；天然气则是俄罗斯（32%）、挪威（31.3%）、阿尔及利亚（13.5%）、卡塔尔（8.4%）、尼日利亚（3.6%）；固体燃料是俄罗斯（25.9%）、哥伦比亚（23.7%）、美国（23%）、澳大利亚（7.4%）、南非（6.3%）。

① 在这里不考虑成员国之间的能源贸易。

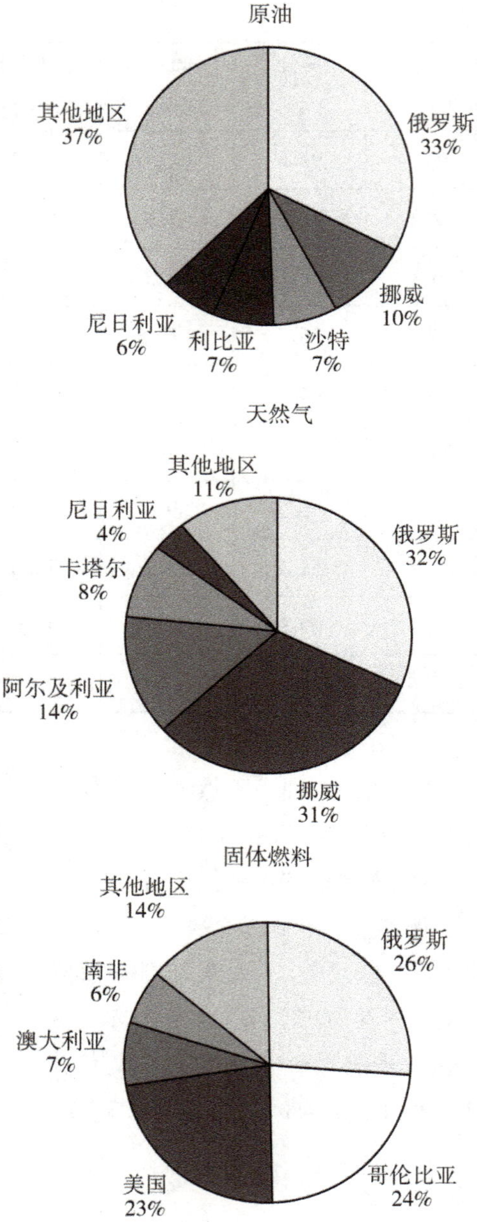

图 1.4　欧盟原油、天然气、固体燃料欧盟的主要能源供应国情况

二、中国能源生产与消费的基本状况①

从中国国家统计局公布的2010—2014年的数据来看，中国能源的生产总量、消费总量仍呈逐步上升趋势，能源的净进口量也不断增加，净出口量处于递减的态势。（具体数据如图1.5至图1.8所示）

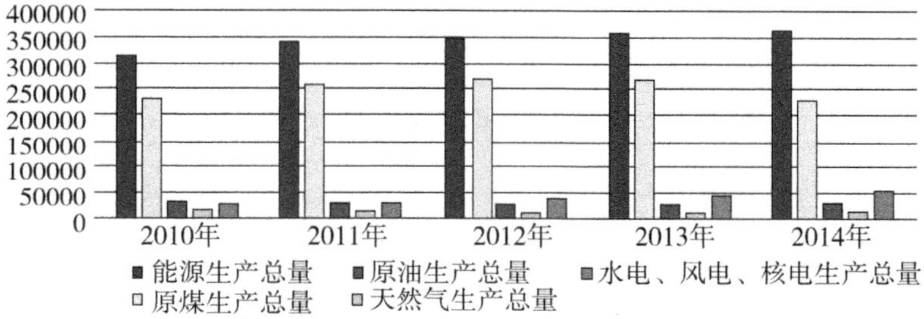

图1.5　2010—2014年中国能源生产情况（万吨标准煤）

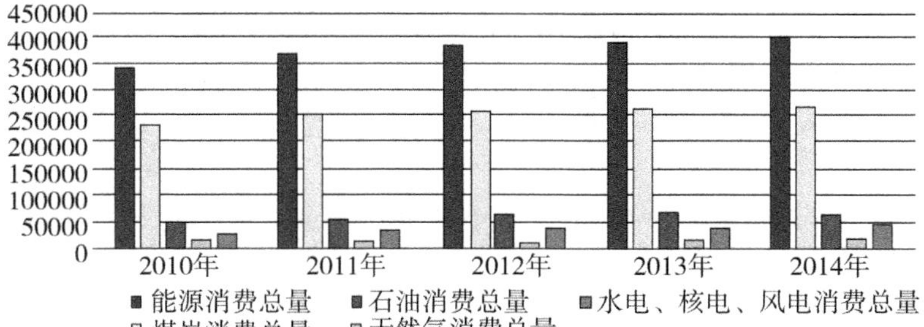

图1.6　2010—2014年中国能源消费情况（万吨标准煤）

根据国家统计局发布的数据，2015年中国全年能源消费总量

① 本部分数据来源：中华人民共和国国家统计局官方网站 http://data.stats.gov.cn/index.htm。

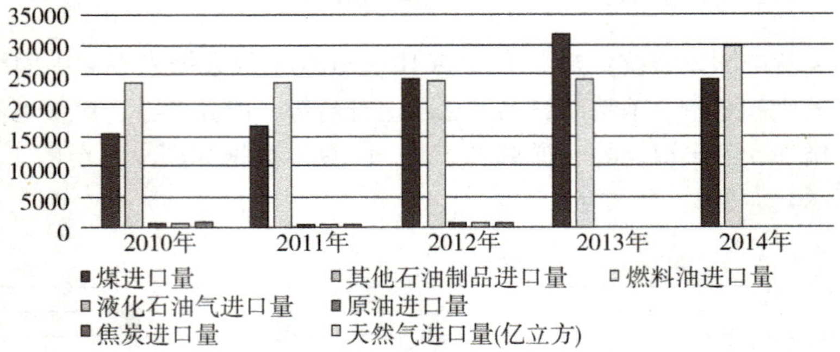

图 1.7　2010—2014 年中国能源进口情况（万吨）

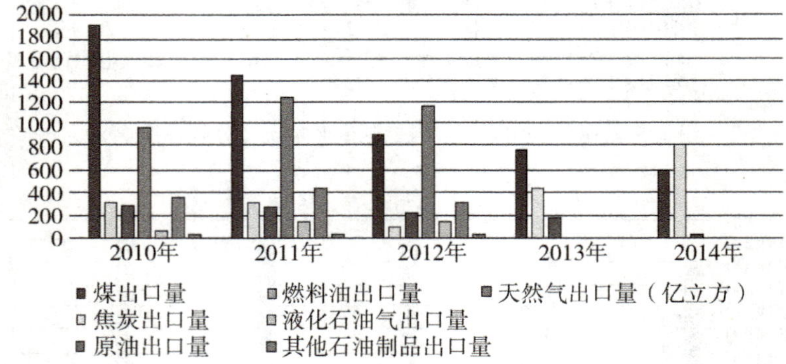

图 1.8　2010—2014 年中国能源出口情况（万吨）

为 43.0 亿吨标准煤①，比 2014 年增长 0.9%。煤炭消费量下降 3.7%，原油消费量增长 5.6%，天然气消费量增长 3.3%，电力消费量增长 0.5%。煤炭消费量占能源消费总量的 64.0%，水电、风电、核电、天然气等清洁能源消费量占能源消费总量的 17.9%。全国万元国内生产总值能耗下降 5.6%。工业企业吨粗铜综合能耗

① 标准煤亦称煤当量，具有统一热值标准的能源计量单位。我国规定每千克标准煤的热值为 7000 千卡。将不同品种、不同含量的能源按各自不同的热值换算成每千克热值为 7000 千卡的标准煤。

下降 0. 79%，吨钢综合能耗下降 0. 56%，单位烧碱综合能耗下降 1. 41%，吨水泥综合能耗下降 0. 49%，每千瓦时火力发电标准煤耗下降 0. 95%。

2015 年，中国全年能源进口（净进口，下同）6. 7 亿吨标准煤，比 2012 年增长 9. 3%，年均增长 3%，比 2005 年至 2012 年年均增幅低 18. 6 个百分点。其中，煤炭进口总量在 2013 年达到 3. 2 亿吨之后明显下降，至 2015 年已经下降到 2 亿吨，下降 37. 8%；油、气保持了较快增长，2015 年原油进口 3. 3 亿吨，比 2012 年增长 22. 9%；天然气进口 584 亿立方米，比 2012 年增长 48. 8%。

随着中国经济的较快发展和工业化、城镇化进程的加快，能源需求不断增长，构建稳定、经济、清洁、安全的能源供应体系面临着重大挑战，突出表现在“资源约束突出，能源效率偏低；能源消费以煤为主，环境压力加大；市场体系不完善，应急能力有待加强”三个方面①。

第二节 中国与欧盟能源应急合作的意义

世界能源需求处于持续增长状态，中国已经成为世界最大能源消费国。中国与欧盟作为世界两大能源消费实体，对外能源依存度高，能源安全形势严峻。中国与欧盟发展能源应急合作，对双方应对能源危机、保障能源安全、承担国际气候责任、完善能源应急法律制度等具有重要意义。

一、有效应对能源危机

自 20 世纪 70 年代爆发第一次石油危机以来，各国在应对能源危机的过程中发展了能源应急的管理制度、政策措施。无论是面临全球性、区域性还是一国国内的能源危机，能源应急国际合作都是应对能源危机的有效途径。能源危机过去几十年来处于发展变化当

① 《中国的能源状况与政策》白皮书，2007 年 12 月 26 日，参见中国中央人民政府网址，http：//www. gov. cn/zwgk/2007-12/26/content_ 844159. htm。

中。根据所产生的原因不同，当前各国所面临的能源危机大致可以划分为三种类型。不同类型的能源危机并非按照时间顺序先后出现，而是可以同时并存，只是在不同时期其紧急程度、对立法与政策制定所产生的影响有所不同。

（一）由政治原因引起的能源危机

政治原因引起的能源供应中断或价格急剧上涨，极易造成大规模的能源危机。第一次石油危机就是由“赎罪日战争”（Yom Kippur War）引起，其政治性非常突出。1973年，石油输出国组织OPEC中的阿拉伯国家建立了一个次级组织OAPEC，运用石油禁运①和油价上涨②两种手段制造了第一次石油危机。通过这次危机，工业化国家在能源进口依赖方面的脆弱性暴露无遗。

1973/1974年第一次石油危机之后的数次大规模能源危机，包括1979年伊朗革命引发的能源危机，1990年海湾战争造成国际油价上涨，2006年、2009年冬季的俄罗斯—乌克兰天然气争端等，也主要是由政治原因引起。

（二）由事故引起的能源危机

技术事故、自然灾害、人为破坏也是引起能源危机的重要原因。迄今为止，事故性的能源危机主要是核事故。虽然从历史角度来看，核安全一度被认为是国内规制方面的责任，但是单方面的国内立法并非促进核安全、保护国际环境的最佳途径③。核安全事故具有跨境和跨时代影响，因此核安全一直都是国际社会的重要议题。三里岛核泄漏危机、切尔诺贝利核电站泄漏事故以及2011年的福岛核事故都产生了重大的国际影响，促使国际能源立法发生重大变化。

另外，进入21世纪以后，针对石油、天然气管道和原油运输

---

① 1973年10月起，OAPEC禁止向美国和荷兰运输石油。

② 1973年6月至1974年6月，油价由每桶1.83美元急剧上涨到每桶11.56美元。

③ See Karen McMillan, Strengthening the International Legal Framework for Nuclear Energy, *Georgetown International Environmental Law Review*, Vol. 13, No. 3, 2001, p. 988.

的人为破坏——恐怖袭击也在世界范围内增加：2000 年 11 月美国军舰 Cole 号在亚丁湾加油时遭到恐怖袭击，以及 2002 年 10 月法国的超级油轮 Limburg 号受到快艇自杀式炸弹袭击等。这种人为破坏制造的紧急事件，危及能源运输安全。

（三）与环境危机相交织的能源危机

20 世纪 70 至 80 年代，在世界范围内引起关注的能源危机还局限于石油供应中断、过度的进口依赖和潜在成本的增加。进入 20 世纪 90 年代以后，新的能源消费国，例如中国、印度的崛起，增加了传统能源的消费。传统能源的生产、提炼、出口、运输成本也不断增加。同时，能源利用过程中会产生酸雨现象、温室效应、石油污染、全球气候变化等跨越国界的影响。而环境问题、气候变化又反过来引发新的能源危机。例如，2005 年美国飓风 Katrina 和 Rita 减低了美国石油产量的 27%以及美国在墨西哥湾 21%的炼油能力，并对世界范围内的石油价格、能源政策、气候变化、战略性石油储备、供应安全都产生了影响①。极端气候增多，增加了对能源的需求，造成新的能源供应不足、价格上涨等问题。

能源危机的产生有着不同的原因，与之相应的可以采取的法律、政策措施也有所不同。而当能源危机出现时，现有法律、政策中存在的问题也最容易被暴露出来。中国在未来 20 年会巩固作为世界最大能源消费国的地位：到 2035 年，中国的能源消费将比第二大能源消费国美国高出近 70%②。我国经济的迅速发展使得能源需求增加，传统的化石能源供应不足的矛盾日益突出，能源形势十分紧迫。我国对进口石油供应的依存度 2009 年达到 50%，2015 年已超过 60%③，而且应对能源危机的能力较弱。中国与欧盟作为世界上的主要能源消费实体，能源对外依存度都很高。而且它们的进

① See Yergins D., Ensuring Energy Security. *Foreign affairs*, Vol. 85, No. 2, 2006, pp. 69-82.

② 数据来源 *World Energy Outlook* 2011, available at www.worldenergyoutlook.org。

③ 参见 http://business.sohu.com/20140618/n401005417.shtml。

口能源主要来自中东、中亚、非洲等地。这些地区的政治稳定性和气候变化带来的风险都很大。这对中国和欧盟的能源安全来说，都存在着地缘政治和市场波动的潜在威胁。

国家和国际组织不仅是石油和天然气市场的参与者，也是新的全球能源、气候政策的参与者。面对能源危机与环境危机的双重挑战，需要各国和国际组织采取超国家的合作行动①，来保证全球能源系统、环境系统的安全。中国与欧盟在能源应急方面进行合作，无疑将有利于增强双方应对能源危机的能力。

二、保障能源安全

保障能源安全是当今世界国家或国际组织制定能源战略的核心概念②。大部分国家都将保障能源安全作为国家安全问题的重要内容，不同国家因为各自的能源资源储量、能源结构、对外能源依存度不同，存在着不同的能源安全风险。因此，各国或国际组织对于能源应急国际合作所采取的原则、目标、实施途径和方法等，会有不同需求。但是，能源安全也是具有普遍性和规律性的。对于中国与欧盟来说，能源供应安全、能源市场稳定、能源通道安全是保障能源安全不可或缺的三重含义。中欧进行能源应急合作，对于保障双方能源安全，乃至全球能源安全都具有重要意义。

（一）能源供应多元化

由于早期的能源危机主要是由能源生产国对消费国的供应中断引起的，因此在最初的能源安全观念中，把能源供应安全等同于能源安全。这一时期的能源消费国在对外合作中，主要考虑与能源生产国关系，防止供应中断。在能源应急战略中将能源的可获得性作为最主要的因素。但是，随着国际能源应急实践的发展，能源消费国逐渐认识到要保证能源供应安全，必须采取多方面的措施。能源

① 参见杨泽伟：《国际能源法：一个新的国际法分支》，载《华冈法粹》第四十期，2008 年 3 月，第 190 页。

② 参见崔宏伟：《欧盟能源安全战略研究》，知识产权出版社 2010 年版，第 1 页。

供应多元化是保障能源供应安全的重要方面。多元化不仅是指与不同的能源生产国合作，促进能源来源地多元化，防止对单一供应国的依赖，同时还包括改善能源结构，减少对单一种类能源的依赖性。

从能源应急的长期措施来看，通过国际合作，开发利用新能源，是促使能源供应多元化、保障能源安全的必然选择。欧盟在改善能源结构。保障能源供应安全方面有许多立法经验，并且在新能源技术、能源效率方面处于世界领先地位。通过与欧盟开展能源应急合作，可以提高清洁能源在我国初级能源消费中的比重、提高能源效率。中国在可再生能源、清洁能源、能源效率等方面的巨大需求，也为欧盟提供了广阔的市场。中欧两大能源消费实体，双方通过合作改善能源结构、减少对外能源依赖，有利于增强自身的能源应急能力，同时也有利于增强全球能源安全。

（二）能源竞争良性化

竞争与合作并存是经济全球化背景下国际能源关系的一个重要特征。世界能源资源过度集中于部分地区，导致能源消费国之间不可避免地存在竞争。作为能源消费主体，中国与欧盟之间存在资源竞争关系。尤其是中国作为新兴经济体，在当今由欧美主导的国际能源市场上和能源竞争中扮演着特殊角色。但是这并不排斥双方在能源领域的合作。

能源安全不仅是要能够获得充足的能源供应，而且是要在合理的价格上获得能源供应。当能源市场价格出现剧烈波动时，就需要各国通过能源应急合作机制来加以应对。从各国在历次应对能源危机的过程中所采取的应急措施来看，国际合作是消费国之间应对能源危机，尤其是应对市场价格波动的主要方式。国际能源机构、《能源宪章条约》等多边机制都是在这样的背景下产生的国际合作机制。能源消费国之间的合作，能够促进能源竞争良性化，稳定能源市场价格。中国与欧盟进行能源应急合作，在完善国际能源市场功能、稳定能源市场价格、促进全球能源安全方面有着广阔的合作需求和合作空间。

(三) 能源通道安全

跨国能源管道和海上能源通道是能源运输的主要渠道。能源通道安全是保证能源安全的重要内容，涉及有关国家的实质性合作，也需要国际法律制度加以调整和规范。中国与欧盟都在建设和使用跨国能源管道，在跨国管道运输中面临技术原因、商务经济原因、环境生态原因、政治原因引起的各种争议。虽然在地缘上中国与欧盟并不存在跨国管道过境的问题，但是在跨境管道投资和环境等问题上有合作的必要性，而且有效利用有关的争端处理机制，来解决跨境管道运输争议，是双方的共同需求。目前，以《能源宪章条约》为核心的国际法律制度，为跨国能源管道运输争议的解决提供了法律途径。欧盟是《能源宪章条约》的缔约方，中国是该条约的观察员国，研究利用《能源宪章条约》规则体系进行合作，解决跨国能源管道运输争议，是未来应对能源管道运输安全问题的可以尝试的途径。

海上石油运输安全，直接关系到能源消费实体的能源安全问题。海上能源通道安全是一个国际化的能源安全问题，不能仅依靠国内法来解决，这需要在多边基础上的国际合作。海上能源通道安全问题是中国与欧盟共同关注的领域。由于国家在属地管辖上的有限性，对于打击海盗和恐怖主义行为，保障海上能源通道安全，必须通过国际合作来进行。《联合国海洋法公约》、《制止危害海上航行安全不法行为公约》都要求各国在打击海上不法行为方面进行合作。中国与欧盟为保证各自的能源运输安全，有必要加强在反恐、制止海盗和其他跨国犯罪方面进行合作，推动有关国际法律制度的发展和完善，提高防范和应对由海盗或恐怖主义引起的能源突发事件的能力。

三、承担国际气候责任

能源是与环境、气候变化密切相关、不可分割的议题。在国际能源合作中不可避免地要考虑环境因素，而在应对气候变化的国际、国内立法中，也都必然涉及能源问题。正如前文所述，能源利用过程中会产生酸雨现象、温室效应、石油污染、核泄漏事故等跨越国界的环境影响，这也是导致全球气候变化的主要因素。而环境问题、气候变化又反过来引发新的能源危机。中国与欧盟所面临的气候变化与能源安全的双重压力非常突出。因此，进行能源应急合作既是共同应对能源危机，也是承担国际气候责任的一种方式。

为了应对温室气体排放和气候变化带来的危机，1992 年联合国环境与发展大会通过《气候变化框架公约》，提出到 90 年代末使发达国家温室气体的年排放量控制在 1990 年的水平①。1997 年通过了《京都议定书》，规定了 6 种受控温室气体，明确了各发达国家削减温室气体排放量的比例，并且允许发达国家之间采取联合履约的行动，发展中国家温室气体的排放尚不受限制②。各国政府采取应对气候变化的政策包括限制化石燃料使用和温室气体排放，应用经济手段征收污染税费、实施排污权交易以及提供补助资金和开发援助等。面对全球气候变化问题，很多国家已把开发节能和新能源技术列为能源应急的重要长期措施。

《气候变化框架公约》确立了“共同但有区别的责任”原则。该公约第 3 条规定发达国家应当在应对气候变化行动中承担主要责任，并提供额外的资金和技术帮助发展中国家应对气候变化；应当对发展中国家的具体需要以及容易受到气候变化带来不利影响的发展中国家，以及那些承担公约义务将增加它们不适当或不正常负担的发展中国家予以充分考虑③。

中国与欧盟在历来的气候合作中都将有关能源问题纳入其中，承担“共同但有区别的责任”也是双方能源合作中的一项共识。2005 年 9 月中国与欧盟签署了《中国与欧盟气候变化联合宣言》，双方建立气候变化伙伴关系，将新能源作为重点领域，开展可再生能源、节能、能源效率、碳捕获、发电和电力传输、清洁煤等方面

① U. N. Framework Convention on Climate Change, May 9, 1992, S. Treaty Doc. No. 102-138 (1992), 1771 U. N. T. S. 108.

② Kyoto Protocol to the U. N. Framework Convention on Climate Change, Dec. 10, 1997, 37 I. L. M. 32.

③ U. N. Framework Convention on Climate Change, May 9, 1992, S. Treaty Doc. No. 102-138 (1992), 1771 U. N. T. S. 108.

的合作①。2010年中国和欧盟在北京举行中欧气候变化部长级磋商，并发表《中欧气候变化对话与合作联合声明》，形成了中欧气候变化部长级对话与合作机制。声明重申“共同但有区别的责任”原则和各自能力，以及全面、有效和持续实施《联合国气候变化框架公约》和《京都议定书》的目标②。

2015年《中欧气候变化联合声明》再次重申了气候变化框架公约以及双方前两个气候文件的有关原则，并提出加强气候相关科学研究合作和技术创新合作，包括清洁和可再生能源、低碳技术及适应方案的开发和应用；认可在“中欧近零排放”倡议下碳捕集利用和封存方面的成功合作，将研究如何继续推进相关合作。气候变化框架公约巴黎协议反映了国际能源政策和国际合作的发展趋势，清洁能源和全球能源变革是未来发展的必由之路。2016年2月16日，欧盟委员会在发布《可持续能源安全方案》时指出，该方案是2015年气候变化框架公约第21次缔约方大会后欧盟采取的政策行动，是欧盟承担国际气候责任、实现其国际承诺的一项措施③。这表明在今后的能源合作中，中国与欧盟应兼顾全球气候效益，按照各自的国际承诺，承担“共同但有区别的责任”，通过可持续能源、智能电网、建筑部门能效、清洁煤、核能等领域合作减缓气候变化并促使发达国家履行所承诺的目标，即在有意义的减缓行动和实施透明度背景下，到2020年每年联合动员1000亿美元以满足发展中国家的需要④。

四、完善能源应急制度

通过法律制度建设，建立处理能源突发事件、应对能源危机的

---

① 参见 http://www.riel.whu.edu.cn/article.asp?id=2767。

② 参见中国中央人民政府网址 http://www.gov.cn/gzdt/2010-04/29/content_1595630.htm。

③ European Commission: Towards Energy Union: the Commission Presents Sustainable Energy Security Package. Brussels, 16 February 2016. IP/16/307.

④ 参见2015年6月29日《中欧气候联合声明》，中国中央人民政府网址 http://www.gov.cn/xinwen/2015-06/30/content_2886776.htm。

应急体系，保障能源安全，是发达国家的重要经验。欧盟被称为“能源国际规制最为先进的实验室”①。欧盟和绝大多数成员国将能源应急立法确立为应对气候变化和能源安全双重挑战的关键战略之一，在促进能源应急制度构建上迈出重要步骤，获得了巨大成功。

欧盟及其自成一类的法律体系，一方面在诸多领域引领国际法律秩序的变革，另一方面又给国际法律秩序在处理稳定与变革问题上带来一系列挑战②。欧盟能源法是欧盟和成员国的国际能源法以及成员国国内能源法的一部分。自 20 世纪 70 年代发生第一次石油危机以来，欧盟在能源应急法律和政策制定方面异常活跃，通过对欧盟能源应急法律与政策的确立背景、发展情况、政策效果的研究，可以为其他国家和地区建立共同能源市场、应对环境和气候变化的挑战提供借鉴。

改革开放以来，中国经济增长迅速，而人口众多、资源相对不足、环境承载能力较弱是我国的基本国情。与发达国家相比，在相当长的时期内，我国经济发展所面临的资源和环境压力要严峻得多，这就不允许我国依靠高投入、高消耗、高污染、低效率的增长方式，而且我国也不能走西方国家工业化过程中攫取全球资源、依靠较低能源价格的发展道路。因此，为了降低能源风险，增强应对能源危机的能力，对于我国而言，加强能源应急法律政策体系建设，既是对现实压力的反应，更是探索一条全新发展模式的必然选择。

法律体系建设对于规范、调整能源活动具有根本性作用，因此在现有的中欧能源合作中，双方已经将推动中国能源法律政策的完

① 参见杨泽伟：《美国〈2009 年清洁能源与安全法〉及其对中国的启示》，载《中国能源法研究报告 2010》，立信会计出版社 2011 年版，第 133 页。

② 参见曾令良：《欧洲联盟法总论——以〈欧洲宪法条约〉为新视角》，武汉大学出版社 2007 年版，第 78~81 页。

善作为一个重要的合作领域①。开展中国—欧盟能源应急合作，必然会引导双方研究有关法律问题，探讨有关能源应急的法律制度安排与政策工具的选择，这对于完善我国相关立法具有现实意义。

① 参见中欧第六次能源对话文件"Concrete cooperation projects under the EC-China Energy Dialogue"，p. 13。

第二章 欧盟能源应急法律政策分析

第一节 能源危机推动欧盟发展能源应急法律体系

能源危机是指石油、电力或其他能源资源供应短缺、供应中断、价格剧烈波动等引起的能源紧急状态。能源应急制度的发展无疑与能源危机的产生、变化紧密联系。在应对历次能源危机的过程中，欧盟能源应急法律政策也逐步发展起来，从最初的能源储备，到能源运输通道安全保障、能源突发事件的应急，以及最新发展的替代能源及能源效率立法，欧盟形成了较为完整的能源应急法律政策体系。2014 年克里米亚危机再次促使欧盟发展能源政策，完善其能源应急制度①。2016 年 2 月 16 日欧洲委员会发布的《可持续能源安全方案》和 2016 年 11 月 30 日的电力领域风险预案的新立法提案是欧盟能源应急法律政策的最新发展。

一、能源危机揭示的主要法律问题

历次不同类型的能源危机对欧盟的能源应急立法和政策制定产生了极大影响，一些重要的法律问题正是在能源危机中被暴露出来的。

（一）欧盟在能源领域的权能问题

欧盟在能源领域长期缺乏正式权能。从第一次石油危机开始，

---

① See Pasquale De Micco, The EU' s Energy Security Made Urgent by the Crimean Crisis, European Union, 10/04/2014, p. 4.

它能够合法采取哪些应急措施就存在很大争议。由于能源领域的权能缺乏法律依据，从 20 世纪 60 年代到 80 年代，欧洲共同体作为一个政治行为者在能源应急领域都表现得缺乏自信。这一时期，欧洲共同体正处于从一个经济联盟走向政治联盟的平台期，能源危机把共同体层面上的能源应急措施缺位这一缺陷明确暴露了出来。欧洲共同体不能再仅从经济和市场角度考虑能源问题，而要在能源应急领域采取进一步的一体化行动。

（二）能源安全观念过于狭隘

能源安全是欧盟立法、政策制定所关注的重要议题。欧盟的能源安全观念在最初是与供应安全（security of supply）联系在一起的，即从进口消费国的角度，希望尽可能地独立于外部供应，从而获得持续的能源安全，这是与能源生产国所追求的需求安全（security of demand）相对应的概念。需求安全则是追求从能源销售中获得有保障的收益①。

在欧盟早期的法律政策文件中，能源安全方面都是囿于供应安全的概念，1968 年《第一个关于共同体能源政策的指导方针》指出“由于成员国对进口的高度依赖和能源供应结构不够多元化，危机正在产生”。1972 年巴黎峰会上，欧共体委员会的提案《共同体能源政策制定的必要进展》中的表述是“成员国有义务在全共同体合作的状态下，采取措施应对石油供应中断的可能性”，“应重新考虑能源政策的优先性——建议由低价转向供应安全”②。

（三）成员国依赖国内措施和双边国际协定

应对能源危机，并非只涉及欧盟内部成员国之间的关系，也需要成员国在能源应急问题上采取共同的对外立场。然而在第一次石油危机爆发时，欧共体成员国普遍认为能源领域的立法和政策制定具有决定国家命运的重要性，因而不能将其让渡给任何形式的国际

① See Kristina Kurze, the Changing Discourse of Energy Security: a New Impetus for Energy Policy Integration in the European Union? *Transatlantic Research Paper in European Studies*. Vol. 10, No. 3, 2010, p. 4.

② Ibid, p. 11.

组织。

欧盟成员国传统的国家能源政策，都青睐双边关系和特殊关系。英国、法国、西德、意大利在第一次石油危机中最终选择分别与石油生产国达成贸易协议。它们的这种双边关系表现使得其他成员国付出巨大代价，削弱了共同能源政策和共同外交与安全政策的公信力。除了双边协定外，成员国分别采取了一些国内应急措施，如禁止周日驾车、启动核能项目、增加天然气在能源结构中的比例等来应对危机。

在欧共体层面上只有“最低石油储备指令”① 得到了实施。但是，该指令并没有要求成员国负有共享石油储备的义务。而为了保证国家能源供应安全，成员国甚至规避共同市场规则，限制能源产品的自由贸易②，这种做法体现了国家利益高于共同体利益。

（四）国际核安全标准无法律拘束力

国际法律规制是提高核能安全的最重要的手段之一。国际原子能机构的安全目标是加强信息和技术交流、建立核安全标准并为成员国提供安全服务③，国际原子能机构的成员国组织签订了五个与核安全有关的多边公约：《核事故及早通报公约》、《核事故或辐射紧急情况事件中协助公约》、《核损害民事责任维也纳公约》、《核损害补偿赔偿公约》、《核安全公约》。这些公约建立了广泛的核安全原则，要求缔约方全面履行在民用核电设施规制、管理和运营方

① Council decision 68/416/EEC of 20 December 1968 on the conclusion and implementation of individual agreements between Governments relating to the obligation of Member States to maintain minimum stocks of crude oil and/or petroleum products, as amended by Council Directive 72/425/EEC.

② See Kristina Kurze, the Changing Discourse of Energy Security: a New Impetus for Energy Policy Integration in the European Union? *Transatlantic Research Paper in European Studies*. Vol. 10, No. 3, 2010, p. 12.

③ Statute of the International Atomic Energy Agency, October 23, 1956, art. II (entered into force July 29, 1957).

面的义务。

但是，国际原子能机构制定的安全标准具有自愿性，并没有法律拘束力，缔约方如果不加遵守也不会受到制裁①。历次核事故引发的危机，使欧盟意识到有必要采取具有法律拘束力的措施来适用国际核安全标准，保障核安全，避免发生类似核事故。

二、欧盟在应对危机中发展能源领域的权能

欧盟长期缺乏清楚和明确的权能划分依据，能源危机突出了欧盟在这一领域的权能问题。第一次石油危机过后，欧盟的能源立法和政策制定主要以完善单一市场为动力，着力于天然气和电力市场自由化。关于能源应急方面的措施，比如战略储备和与第三国的供应谈判等，大部分都还保留在成员国的权限范围内。

欧盟法律制度是建立在成文的宪法性条约基础上的②。为了解决权能问题，欧盟自 2001 年起将权能划分与限制问题作为探讨欧盟改革与制宪议题的重点之一。2004 年签署的《欧洲宪法条约》(*Treaty Establishing a Constitution for Europe*) 中第Ⅰ—11～18 条对欧盟的权能明确进行了划分和规范③。2005/2006 年冬季的俄罗斯—乌克兰天然气争端引起了欧盟内的广泛关注，在基本法中确定欧盟在能源领域的权能势在必行。2009 年 12 月 1 日，《里斯本条约》④ 正式生效，修订了《欧洲联盟条约》与《欧洲共同体条约》，并将后者重新命名为《欧洲联盟运行条约》(the Treaty on the Functioning of the European Union)，确立欧盟在能源领域的法律

① 参见程荃：《欧盟核安全立法的新发展及其对中国的启示》，载《时代法学》2012 年第 3 期，第 100～109 页。

② See P. J. G. . Kapteyn, A. M. McDonnell (eds), *the Law of the European Union and the European Communities* (Fourth Revised Edition), the Nitherlands: Kluwer Law International , 2008, p. 42.

③ Treaty establishing a Constitution for Europe, O J C 310, 16/12/2004.

④ Treaty of Lisbon amending the Treaty on European Union and the Treaty establishing the European Community, signed at Lisbon, O J C 306, 17/12/2007.

基础和正式权能①。《欧洲联盟运行条约》在第一部分《原则》的第1条中就指明“本条约组织联盟的运行，并确定联盟权能的领域、界限以及行使权能的安排”。第一编《联盟权能的范畴与领域》中对欧盟权能进行了划分，分为专属权能，共享权能，共同外交与安全政策权能，协调经济和就业政策权能以及支持、协调、补充成员国活动的权能。

《欧洲联盟运行条约》第2条（2）中对共享权能做出规定：当两部条约在某一特定领域赋予联盟一项与成员国共享的权能时，联盟与成员国均可在该领域立法和通过具有法律拘束力的法令。在联盟未行使或决定停止行使其权能的情况下，成员国可行使该项权能。根据《欧洲联盟运行条约》第4条的规定，能源属于联盟与成员国的共享权能的领域。因此，能源以及与之密切相关的环境、运输、跨欧网络、内部市场等都属于欧盟与成员国共同享有权能的领域。也就是说，欧盟和成员国都可以在能源领域进行立法和通过具有法律约束力的法令，而且欧盟在行使共同权能时具有优先性。成员国要行使能源领域的权能，必须是在联盟未行使或决定停止行使其权能的情况下才能进行。

三、能源危机推动欧盟能源安全观念的转变

能源安全是一个与其所处政治、经济背景高度联系、不断发展的概念。在传统上，主要是将能源安全与安全地获取能源供应以及应对即将出现的能源耗竭相联系。在第一次石油危机爆发前，欧盟在相关文件中就是将能源安全等同于供应安全，尤其是石油的供应安全。而历次能源危机的发生，不断改变着欧盟的能源安全观念，这些转变又深深影响着它的能源应急立法与政策制定。

（一）可持续的能源安全观

能源不仅是一个扩大供应以满足越来越多人的需要的问题，它

---

① See P. J. G.. Kapteyn, A. M. McDonnell (eds), *the Law of the European Union and the European Communities* (Fourth Revised Edition), the Nitherlands: Kluwer Law International, 2008, p. 43.

更是一个人类社会、环境和未来发展的问题，传统全球能源安全的概念随着时代的发展也在发生变迁①。20 世纪 90 年代，通过联合国有关决议和宣言的反复重申，以及广泛的国际条约实践，可持续发展已作为核心价值观念体现在国际法中。它不再只是以没有法律拘束力的宣言、计划的方式发挥作用，而且正在转化为可以执行的规则、制度，为国际社会提供了现实的法律工具②。在此背景下，欧盟将长期能源安全与短期能源安全综合考虑，既关注应对供应中断等突发情况的紧急措施，也注重发展调整能源结构和提高能源效率等增强能源可持续性的措施③。

20 世纪 90 年代中期全球能源供应再次紧张。从 1995 年到 2006 年，欧盟的长期性能源应急法律政策进入快速发展时期，欧盟将可持续性、竞争性和供应安全融合在能源应急法律政策中。为了促进可持续发展，减少能源利用对环境的不利影响，进入 20 世纪初以来欧盟出台了三个可再生能源指令，为欧盟可在生能源逐步确立了有法律拘束力的目标。2001 年通过的《关于促进内部能源市场利用可再生能源发电的第 2001/77 /EC 指令》(RES-Electricity, RES-E)，提出了到 2010 年提高绿色电力以及可再生能源在能源消费总量中比例的目标，以及投资补贴、财政措施、可再生能源入网保证价、配额和可交易证书、招标制度五项国家政策措施。④ 2003 年出台的《关于在运输领域推广使用生物燃料和其他可再生燃料的第 2003/30/EC 指令》(RES-Transport, RES-T)，通常被称为"生

---

① See Frank Umbach, Global Energy Security and the Implication for the EU, Energy Policy, Vol. 38, 2010: pp. 1229-1240.

② 参见［荷兰］尼科．斯赫雷弗著，汪习根、黄海滨译，《可持续发展在国际法中的演进：起源、涵义及地位》，社会科学文献出版社 2010 年版，第 7~8 页。

③ 参见程荃：《新能源视角下欧盟 2011 年节能与能效立法措施评析》，载《湖南师范大学社会科学学报》2012 年第 4 期，第 19~23 页。

④ Directive 2011/77/EC of the European Parliament and of the Council of 27 September 2001 on the promotion of electricity from renewable energy sources in the internal electricity market, O J L283, 27/10/2001, pp. 33-40.

物燃料指令”(Biofuels Directive)。它鼓励生物燃料与成本较低的矿物燃料进行竞争，对成员国使用生物燃料和其他可再生燃料占运输领域燃料市场的份额做出规定，并要求各成员国根据该指标制定出本国生物燃料的消费目标①。2009 年 4 月，欧洲议会《促进可再生能源使用的第 2009/28/EC 指令》，制定了到 2020 年可再生能源至少占欧盟最终能源总消费的 20%，至少占成员国运输领域最终能源总消费的 10%的有法律拘束力的目标②。这些长期措施将改变欧盟的能源结构，提高能源应急能力，保障能源安全，并产生环境效益，促进可持续发展。

（二）战略化的能源安全观

在早期的观念中，石油和天然气只是经济物资，并非战略物资。因此，欧共体初期的能源法律政策只与市场经济规则相联系，并未将能源安全作为外交和安全战略的一部分。随着能源资源供应局势长期处于紧张状态，保证能源供应安全成为了关系到欧盟经济、社会发展的根本性问题。2000 年 11 月，欧委会发表《走向欧洲能源供应安全战略》绿皮书，开始将欧盟的能源供应安全提高到战略高度③。

在判断其他国家的能源政策走向时，欧盟也曾经存在同样的问题。在俄罗斯—乌克兰天然气争端爆发以前，欧盟的主流观念认为俄罗斯稳定地加强市场导向，向欧洲市场出口能源以建立相互依存关系，俄罗斯不会将它的能源政策工具化，作为其全球化时代外交政策的一部分。因此，欧盟忽视了俄罗斯利用能源出口和运输管道垄断来推行外交政策的可能性。而俄罗斯削减天然气运输严重影响了乌克兰和欧盟成员国的能源供应，打破了长期以来欧盟制定能源

---

① Directive 2003/30/EC of the European Parliament and of the Council of 8 May 2003 on the promotion of the use of biofuels or other renewable fuels for transport, O J L123, 17/05/2003, pp. 42-46.

② 参见程荃：《欧盟第三次能源改革方案及其对中国的启示》，载《暨南学报：哲学社会科学版》2011 年第 5 期，第 92~97 页。

③ European Commission, Towards a European Strategy for the Security of Energy Supply, COM (2000) 769 final, 29/11/2000.

法律政策时对俄罗斯的假设①。2006 年 3 月，欧委会发布了《欧洲可持续、竞争和安全能源战略》绿皮书，分析了欧盟能源供应面对的主要问题，确立了可持续性、竞争性和供应安全三个目标②。2005/2005 年天然气争端也促使欧盟从战略角度审视与第三国的能源关系。2011 年 9 月，欧盟委员会发布了题为“欧盟能源政策：与边界外合作者的联系”的能源安全与国际合作通报。这份通报第一次为欧盟在能源领域的对外关系方面制定全面战略，表明引导国际合作方向、规范国际合作行为成为欧盟能源应急合作方面的重要方向③。

（三）全面的能源安全观

随着所面临的能源危机的发展变化，欧盟采用了更为全面的能源安全观，它包括以下四个主要因素④：

1. 可供应性，这与能源资源的地理存在相关。能源资源有其地理特征，因而地缘政治稳定性与能源供应安全之间关系密切，欧盟对能源进口的日益依赖与生产国、运输国、消费国之间的相互依存关系。委员会认为需要与供应国之间建立更加紧密的合作。在 2004 年到 2005/2006 年俄罗斯—乌克兰争端之间，除了与俄罗斯合作外，欧盟也与挪威、阿尔及利亚以及 OPEC 和海湾合作理事会（Gulf Co-operation Council）进行能源合作。2014 年克里米亚危机爆发后，欧盟加强与东地中海国家合作，欲发展东地中海国家作为

① See Pasquale De Micco, EU and Russian Policies on Energy and Climate Change, European Union, 18/12/2013, p. 18.

② European Commission, Green Paper: a European Strategy for Sustainable, Competitive and Secure Energy, COM（2006）105 final, 08/03/2006.

③ Communication from the Commission to the European Parliament, the Council, the European Economic and Social Committee and the Committee of the Regions, on Security of Energy and International Cooperation- “the EU Energy Policy: Engaging with Partners beyond Our Borders”, COM2011）539, 07/09/2011.

④ See Bert Kruyt, D. P. van Vuuren, H. J. M. de Vries, H. Groenenberg. Indicators for Energy Security, Energy Policy, Vol. 37, 2009, pp. 2166-2181.

替代能源供应者①。

2. 可获得性，即能够通过一定途径取得。能源需要运输才能取得，欧盟拓宽和加深与邻近国家以及地区的能源对话，在能源领域采取更为主动的外部政策，维护生产国和运输国的地缘政治和经济稳定性，提高自身与生产国、运输国关系的可预见性。虽然由于采用共同标准以及认识到市场力量的重要性，传统的将经济与政治分离的做法在欧盟内部市场中起到作用，但是欧洲以外国家的能源政策更取决于国家外交和安全政策的战略和地缘政治利益。发展内部标准是欧盟建立统一的对外能源关系的基础，也被认为是欧盟能源战略的一项重要内容。作为一个现代化的国际行为实体，随着地缘利益关系的变化，欧盟正在与周围运输国建立一个共同的规则制度，当前特别重视发展与东、南地中海地区伙伴国家的关系②，从而加强能源的可获得性。

3. 负担得起，即能够承担获取能源所花费的成本。建立一个一体化的能源市场网络，形成开放的自由竞争的能源市场，能够降低消费者获取能源的成本。20 世纪 90 年代开始，欧盟发展内部能源市场法律政策，在相关指令中规定了各国建立能源连接线的时间表，促使跨欧能源输送网络建设，便于可再生能源等替代能源进入能源网络，消费者逐步享有自由选择能源种类及供应商的权利③，降低消费者承担的能源价格。

4. 可接受的，即在环境和社会层面能够被接受。能源行为必须在国际能源法律框架内进行，把环境和社会关切统一到可持续发展的进程中，减少能源措施的环境影响。开发、利用能源必须预

① See Pasquale De Micco, The Prospect of Eastern Mediterranean Gas Production: An Alternative Energy Supplier for the EU? European Union, 15/04/2014, p. 1.

② See Amal Chevreau, Political, Social and Economic Impacts of EU Policies with Its Mediterranean Partners- Focus on ‘Investment’, European Union, 25/04/2014, p. 10.

③ See European Commission, The European Union Explained: Energy, Publications Office of European Union, 04/2014, p. 9.

见、防止和消除导致环境恶化的情况，遇有严重或不可逆转损害的威胁时，不得以缺乏科学充分确定证据为理由，延迟采取防止环境恶化的措施。欧盟自 80 年代起将环境目标融入的能源法律政策之中，协调能源开发、使用与环境的关系，并在国际气候立法方面居于领导者的地位。

四、欧盟在应对危机中完善能源应急法律制度

欧盟应急能源法律政策是在应对能源危机过程中不断发展的独特体系，它既反映欧盟的经济社会发展模式，又反映成员国的能源安全需求。

（一）平衡能源主权与超国家权力的关系

国家对自然资源的永久主权是国家主权不可分割的组成部分，是一国固有的、不可剥夺的权利①。能源作为一种重要的生产要素，它以自然资源作为载体，具有一定时间、地理范围内数量上的有限性，属于一国的自然资本。因此，在应急能源法律政策中确立自然资源主权原则，保证一国自由处置其能源资源的权利具有十分重要的意义。

虽然欧盟是高度一体化的国际组织，但是它在自身的能源法律政策中一直采取自然资源主权原则。欧盟在《欧洲联盟运行条约》中，规定成员国可以自由选择其能源来源和供应结构，把成员国政府对能源市场的干预被认为是国家主权范围内的问题，联盟为实现能源政策目标采取的措施不应影响某一成员国决定其能源开发条件、选择不同能源来源及其能源供应总体结构的权利②。虽然欧盟在能源指令中会规定各成员国要实现的具体的能源目标，但是这并不妨碍成员国依据自然资源主权原则，充分享有开发、勘探、管理、利用自身能源资源的权利。此外，欧盟在其作为缔约方的

① 参见杨泽伟：《主权论——国际法上的主权问题及其发展趋势》，北京大学出版社 2006 年版，第 97~115 页。

② Treaty of Lisbon amending the Treaty on European Union and the Treaty establishing the European Community, signed at Lisbon, O J C 306, 17/12/2007.

《能源宪章条约》中采取了自然资源的主权原则，其第 18 条规定“缔约方承认国家主权和对能源资源的至高无上的权利”①。

（二）能源危机促使欧盟形成能源应急法律政策体系

欧盟能源应急立法在应对能源危机的过程中逐步发展起来，法律政策框架也由松散走向整合，脉络清晰。2009 年 12 月 1 日正式生效的《里斯本条约》修订了《欧洲联盟条约》与《欧洲共同体条约》，确立欧盟在能源领域的法律基础和正式职能。能源应急次级立法方面则从最初的能源储备，发展到涵盖能源运输、替代能源、能源安全、能源市场规则等方面。

欧盟立法不仅在整体上对能源制度进行规划，而且还分门别类规定了有关能源应急的执行标准、程序和指标，对于一些成员国的成功经验也加以推广。随着能源形势的发展，欧盟立法也在不断推进，但是新旧指令、条例之间始终都很好地进行衔接，不会产生重复或者自相矛盾的问题。能源战略和政策也与立法相协调，起到相辅相成的作用。2014 年克里米亚危机发生后，欧盟于 5 月 28 日发布了题为《欧洲能源安全战略》的通报，指出应对政治危机和稳定充足的能源供给对欧盟公民和经济具有全面重要性，这一战略从短期措施和中长期措施两个方面提出了欧盟能源应急制度在未来的发展方向②。

（三）能源应急制度与环境法律政策相协调

20 世纪 80 年代中后期开始，能源消费对环境的巨大影响逐步被人们所认识，环境危机的出现将能源应急法律政策引入欧盟立法和政策制定的主领域。

欧盟的能源立法与环境立法是相互交叉、彼此相关的领域，节能和能效、发展替代能源被作为保护环境和自然资源、应对气候变化的重要途径。1986 年《单一欧洲法令》（*Single European Act*）首

① The Energy Charter Treaty, Dec. 17, 1997, 34 I. L. M. 360, available at http://www.encharter.org.

② Communication from the Commission to the European Parliament, the Council, European Energy Security Strategy, COM (2014) 330, 28/05/2014.

次赋予欧共体在环境保护方面的特别权力①。《欧洲联盟运行条约》第191条（原《欧洲共同体条约》第174条）规定欧盟环境政策应致力于保护、改善环境，保护人类健康，谨慎合理使用自然资源以及在国际层面推动应对地区和全球环境问题的措施，尤其是应对气候变化的目标。欧盟在能源生产、运输、消费等环节都必须考虑对环境的影响，这些条约赋予欧盟代表各成员国在欧盟内部和国际上行使环境方面的权力，因此这些环境条款也构成欧盟能源应急法律的一部分。

（四）倡导能源应急的国际多边措施

第一次石油危机期间，成员国普遍倾向于采取双边国际协定和国内措施，而共同体本身则开始酝酿多边措施。1974年2月在美国动议下，欧共体9个成员国参加了“华盛顿能源会议”，经过争论后决定成立一个新的国际组织——国际能源机构（International Energy Agency，国际能源机构）来加强能源消费国对抗OPEC的力量，以便于在未来能源短缺时采取合作应急措施。欧共体8个成员国签署了《关于国际能源计划的协议》，协议于1976年1月正式生效②。但在会议中，欧共体成员国存在严重分歧，法国直到1992年才加入国际能源机构。

在第一次石油危机时，超国家机构还被认为不是一个具有恰当国际法律人格的行为者，而在俄罗斯—乌克兰天然气争端以后，欧盟层面上的行动以及国际的政府间合作已经比国家应急措施更加得到认可。随着新的能源安全观念的树立，任何忽略了国际合作与可持续发展的能源政策都会被认为是极端短视的，在中长期看来都要付出经济、政治上的高昂代价。要迈向可持续的能源未来，必须有新的国际法律工具，也就是要形成新的国际文件。这些文件包括多边和双边的协议、协定、条约、议定书和公约，内容主要涉及能源科技、贸易、投资、研发、技术转让以及可持续发展等方面。

① Single European Act (1986), O J L 169, 29/06/1987.

② See Richard Scot, the History of the IEA—the First 20 Years, Volume One: the Origins and Structures of the IEA, 1994, pp. 46-57.

欧盟在20世纪90年代以来一直积极支持应对能源问题的多边解决办法，加强国际合作，力图在建立多边国际协定、国际组织和国际论坛中起到关键作用。1998年生效的《能源宪章条约》，为促进能源领域的长期合作建立了一个法律框架，欧盟作为缔约方签署了该条约及其议定书。ECT的成员地理位置广泛，已经发展为全世界参加国家最多的国际能源多边条约。①《能源宪章条约》主要关注能源贸易和投资，保护外国投资，帮助确保在不同社会、文化、经济和法律背景国家跨境投资的稳定性，对维护能源安全具有重要作用。1998年《能源宪章条约》的缔约方又签署了《能源效率及相关问题的议定书》（*Protocol on Energy Efficiency and Related Environmental Aspects*），为发展能源效率合作提供了平台②。

（五）促进欧盟对国际核安全标准进行法律化

世界范围内的重大核事故的发生和国际核安全法律规制的发展对欧盟核能方面的应急法律政策的发展产生了重要影响。

直到20世纪80年代初，欧盟的核能法律政策都是集中在核能研发和投资两个方面，除了80/836/Euratom指令③和84/466/Euratom指令④、84/467/Euratom指令⑤外，关于核安全和辐射防

① 参见白中红：《〈能源宪章条约〉的争端解决机制研究》，武汉大学出版社2012年版，第19页。

② Protocol on Energy Efficiency and Related Environmental Aspects, available at http://www.encharter.org./fileadmin/user_upload/document/EN.pdf#page=141.

③ Council Directive 80/836/Euratom of 15 July 1980 amending the Directives laying down the basic safety standards for the health protection of the general public and workers against the dangers of ionizing radiation OJ L 246, 17/09/1980, pp. 1-72.

④ Council Directive 84/466/Euratom of 3 September 1984 laying down basic measures for the radiation protection of persons undergoing medical examination or treatment, OJ L 265, 05/10/1984, pp. 1-3.

⑤ Council Directive 84/467/Euratom of 3 September 1984 amending Directive 80/836/Euratom as regards the basic safety standards for the health protection of the general public and workers against the dangers of ionizing radiation OJ L 265, 05/10/1984, pp. 4-156.

护的立法都是在切尔诺贝利核事故发生以后才开展的。切尔诺贝利核事故带来的跨国危害促使各国正视核事故的潜在国际影响，欧盟认识到必须通过立法措施来加强核设施的安全管理，才能避免类似事件在欧盟内发生。欧盟在应对核事故紧急情况的准备方面，1987年通过了“关于在辐射紧急事故中机构之间及早交换信息的87/600/Euratom决定”①，1989年出台了“关于在紧急事故中将所采取的措施通知公众的89/618/Euratom指令”②。这都可以说是欧盟核安全立法方面对切尔诺贝利核事故的反应。目前，核事故应急立法是欧盟核能法律中数量最多的部分，分为环境活动、基本安全标准、户外工人防护、医学领域防护、信息、食物和饲料污染、未来事故、高活性密封放射源、放射性废物管理等方面，形成了完整的体系。

2011年3月11日，日本地震引发福岛核电站核泄漏危机。3月14日在布鲁塞尔召开的欧盟环境部长会议上，欧盟负责气候变化的委员康妮·赫泽高表示，无论发生什么，核能仍是主要能源之一，但欧盟会采取一切必要手段，确保欧盟国家的核安全。3月15日，欧盟负责能源事务的委员京特·奥廷格召集各成员国代表在布鲁塞尔举行紧急协调会议，评估日本核电站形势，并讨论欧盟核能安全与发展问题③。2011年，核安全成为欧盟核能立法的主题。2011年7月19日欧盟通过“为核废料和放射性废物建立一个负责任和安全管理的共同体框架指令”④，将国际原子能机构安全标准

---

① Council Decision 87/600/Euratom of 14 December 1987 on Community arrangements for the early exchange of information in the event of a radiological emergency , O J L 371 , 30/12/1987, pp. 76-78.

② Council Directive 89/618/Euratom of 27 November 1989 on informing the general public about health protection measures to be applied and steps to be taken in the event of a radiological emergency, O J L 357 , 07/12/1989 , pp. 31-34.

③ http：//news. ifeng. com/gundong/detail_2011_03/15/5171605_0. shtml

④ Council Directive 2011/70/Euratom of 19 July 2011 establishing a Community framework for the responsible and safe management of spent fuel and radioactive waste. O J L 199, 2/8/2011, pp. 48-56.

纳入欧盟立法中，使之对欧盟成员国具有法律拘束力。欧委会2011年6月27日提出的“关于建立人用水中放射性物质公众健康防护要求的指令”提案，于2013年10月获得通过①；2011年9月29日欧委会提出的“基本安全标准指令”（Basic Safety Standards Directive，BSS）提案②，于2013年12月获得通过。上述次级立法力图为工人、患者和公众提供现有科学技术基础上最高水平的保护。③

第二节 欧盟能源应急国际合作法律政策分析

能源是欧盟最早通过法律和机制进行单独管理的领域之一④。欧盟在能源应急领域采用法律与政策相结合的方式，一方面发挥法律所特有的调节、控制、管理、惩罚、引导等功能⑤，另一方面利

① Proposal for a Council Directive laying down requirements for the protection of the health of the general public with regard to radioactive substances in water intended for human consumption, COM（2011）385 final, Brussels 27/06/2011. And Council Directive 2013/51/Euratom of 22 October 2013 laying down requirements for the protection of the health of the general public with regard to radioactive substances in water intended for human consumption. OJL296, 7/11/2013, pp. 12-21.

② Proposal for a Council Directive laying down basic standards for protection against the dangers arising from exposure to ionising radiation, COM（2011）593 final, Brussels, 29/09/2011. And Council Directive 2013/59/Euratom of 5 December 2013 laying down basic safety standards for protection against the dangers arising from exposure to ionising radiation, and repealing Directives 89/618/Euratom, 90/641/Euratom, 96/29/Euratom, 97/43/Euratom and 2003/122/Euratom. OJL13, 17/1/2014, pp. 1-73.

③ 参见程荃：《欧盟核安全立法的新发展及其对中国的启示》，载《时代法学》2012年第3期，第100~109页。

④ 参见曾令良：《欧洲联盟法总论——以〈欧洲宪法条约〉为新视角》，武汉大学出版社2007年版，第109页。

⑤ 参见杨泽伟主编：《发达国家新能源法律与政策研究》，武汉大学出版社2011年版，第178页。

用政策更为灵活、多样的特点，有效引导能源应急领域各类主体的行为。

欧盟发端于西欧国家在能源领域进行国际合作的需要，成立欧洲煤钢共同体、原子能共同体就是建立国际能源合作的一种模式。经过60多年的发展，欧盟形成了能源应急国际合作的法律政策框架体系。

一、欧盟能源制度中的国际合作原则

欧盟能源法在最初就体现了国际合作原则。《建立原子能共同体条约》序言中表明“愿意使其他国家参加各成员国的共同事业并愿意和致力于和平发展原子能的国际组织合作”①，其具体条款更是为成员国在共同体内进行国际合作制定了法律规范。

欧盟的能源法律政策不仅在成员国之间贯彻国际合作原则，而且也指导着欧盟及成员国与第三国在能源方面关系。《欧洲联盟运行条约》第211条（原《欧洲共同体条约第181条》）规定“在各自的权能范围内，联盟和成员国应与第三国及适当的国际组织合作”；“泛欧网络”（包括在能源基础设施领域建立泛欧网络）编第171条（原《欧共体条约》第155条）第3款规定“联盟可与第三国合作，以推动具有共同利益的项目及保证网络互通”②。在第三次能源改革方案、放射性废物和核废料安全指令、核原料安全管制条例中都对与第三国进行能源国际合作作出了具体规定。

二、欧盟能源应急国际合作的目标

欧洲委员会2011年发布了《能源安全与国际合作——欧盟能

① Consolidated version of the Treaty establishing the European Atomic Energy Community, O J C 84, 30/03/2010.

② Treaty of Lisbon amending the Treaty on European Union and the Treaty establishing the European Community, signed at Lisbon, O J C 306, 17/12/2007.

源政策：与非成员国伙伴建立联系》通报①，对于能源应急国际合作，可以归结为4个方面的主要目标：

一是建立欧盟内部能源市场的外部维度。由于在历次危机中，成员国在应急能源供应方面偏爱双边协议，欧盟认为需要建立关于成员国与第三国政府间协议的信息交换机制，提高内部能源市场合作，保证欧盟整体能源供应安全。

二是加强伙伴关系，保障安全、可持续和竞争性的能源。欧盟提出不仅要与主要能源供应国，如俄罗斯、挪威、阿尔及利亚、沙特阿拉伯、利比亚等加强伙伴关系，还应与新兴的能源生产国和消费国开展对话。

三是促进发展中国家获得可再生能源。鉴于能源消费带来的环境危机，欧盟希望在发展政策工具中，实现能源主流化，让资源最贫乏的地区能够获得可持续的能源资源。

四是提升欧盟成员国确定和执行外部能源政策优先级的协调性，确保欧盟内部联合行动，对外用一个声音说话。在欧盟成员国之间提高各国与第三方签署的能源合作协议的透明度，当与第三方合作国家接触、在国际组织中任职或与关键的合作国家发展综合性能源合作伙伴关系时加强协作。

三、欧盟能源应急国际合作的主要措施

预防和应对能源紧急状态，保障能源供应以及价格稳定对欧洲经济和公民福利都极为重要。欧盟发展能源应急国际合作的法律和政策工具，采取短期措施与长期措施相结合的方式，来保障能源供应不中断，使能源价格保持稳定②。

---

① Communication from the Commission to the European Parliament, the Council, the European Economic and Social Committee and the Committee of the Regions, on Security of Energy and International Cooperation- "the EU Energy Policy: Engaging with Partners beyond Our Borders", COM (2011) 539, 07/09/2011.

② Communication from the Commission to the European Parliament and the Council: European Energy Security Strategy, COM (2014) 330, 28/05/2014.

（一）能源应急合作短期措施

自从第一次石油危机爆发以后，欧盟不断增强自身应对能源紧急事件的能力，尤其是对特定类型的能源紧急事件，已经制定能源国际合作方面的短期应急措施加以应对。

天然气在欧洲能源结构中占有重要地位，2006 年及 2009 年俄罗斯—乌克兰天然气争端造成欧盟能源供应紧急状态。2010 年以后，欧洲委员会及成员国与天然气合作集团（Gas Coordination Group）① 密切合作，特别是监视天然气流动和天然气储备水平，在欧盟或地区层面在国家风险评估和应急计划方面合作。定期更新风险评估和预防行动计划（the Preventive Action Plans）及应急计划（the Emergency Plans）②，与天然气供应国、输送系统运营商进一步合作，来确定短期额外供应可能的来源，特别是液化天然气。欧盟针对冬季供暖能源需求高峰，每年都会提早采取措施，制定预案，以应对可能出现的能源供应中断。2014 年 5 月，考虑到乌克兰形势及潜在的能源供应中断的可能性，欧洲委员会与成员国积极与供应国、运输国合作，从夏季开始启动能源安全压力测试，增加天然气储备，发展应急基础设施和回流，减少能源需求或在极短时间内转向替代能源供应，以应对 2014/2015 冬季有可能发生的大规模能源中断的立即行动。

核事故会带来国际影响，欧洲在建立共同核能法律政策之初就将核安全列入《建立欧洲原子能共同体条约》第三章，明确规定“共同体应制定保护居民和劳动者健康的基本标准以防止电力辐射所产生的危险”③。目前，核安全是欧盟核能法律中数量最多的部分，分为环境活动、基本安全标准、户外工人防护、医学领域防护、信息、食物和饲料污染、未来事故、高活性密封放射源、放射

① 天然气合作集团是根据（EU）No. 994/2010 条例建立的，涉及成员国、监管机构和所有利益相关者，是欧盟范围内有效的能源信息交换平台。

② Regulation（EU）No. 994/2010 concerning measures to safeguard security of gas supply.

③ Consolidated version of the Treaty establishing the European Atomic Energy Community，O J C 84，30/03/2010.

性废物管理等方面，形成了较为完整的体系。欧盟成员国加入核安全多边公约①，在国际原子能机构（the International Atomic Energy Agency, IAEA）框架下，通过欧盟立法赋予核安全国际标准法律拘束力，以及致力于扩大欧盟邻近国家的核安全评估。

（二）能源应急合作长期措施

为了有效防范和应对各类能源紧急状态，欧盟发展了全面的能源应急国际合作长期措施。

欧盟通过国际合作，保障能源储备。欧盟成员国有义务建立和保持最低原油和石油产品储备，这将减小供应中断的风险②。另外，欧盟库存量义务与国际能源机构（the International Energy Agency，国际能源机构）提出的石油库存义务相联系。这种国际合作措施具有关联性和效率，确保不会发生实际的石油供应短缺。在危机情况下，这种合作也是一个使市场价格波动不要过于剧烈的一个基础性因素。因此，欧盟还计划进一步促进国际合作以及石油储备、石油市场的透明度，特别是中国、印度等主要消费国的合作。

在欧盟内部增加能源生产的同时，促使供应国和能源资源多样化。供应多样化对于依赖进口有限能源资源的消费国和通常为净出口的能源生产国都很重要，总体上应减少对传统化石能源的依赖性。欧盟不仅与主要能源伙伴国，如俄罗斯、挪威、沙特阿拉伯等进行合作，还与新的伙伴国，如里海地区国家的开展有效协商，并进一步发展可再生能源、化石燃料的可持续生产与核安全。

---

① 包括5个多边公约：《核事故及早通报公约》（*Convention on Early Notification of a Nuclear Accident*）、《核事故或辐射紧急情况事件中协助公约》（*Convention on Assistance in Case of a Nuclear Accident or Radiological Emergency*）、《核损害民事责任维也纳公约》（*Vienna Convention on Civil Liability for Nuclear Damage*）、《核损害补偿赔偿公约》（*Convention on Supplementary Compensation for Nuclear Damage*）、《核安全公约》（*Convention on Nuclear Safety*）。

② Directive 2009/119/EC of 14 September 2009 imposing an obligation on Member States to maintain minimum stocks of crude oil and petroleum products.

欧盟将提高能源效率作为预防和应对能源紧急状态的重要措施，积极推动能效技术和能效标准方面的国际合作。在与俄罗斯、东欧合作伙伴、东南地中海国家、美国以及发展中国家能源合作的相关政策中，欧盟都把能效合作作为重要的政策工具。

欧盟通过次级立法加强建设能对供应中断作出快速反应的跨境基础设施，并能在欧盟范围内重新确定能源流动方向，使能源能够流动到需要的地方①。欧盟在过去几年大量投资新的能源运输管线，南天然气走廊（South Gas Corridor）项目将打开欧盟通往里海地区的实质性天然气资源的通道；欧盟 2013 年决定建设新的从阿塞拜疆到希腊、意大利的管道，该管道将从 2019 年起提供欧盟新的天然气供应。同时，欧盟还通过法律措施保障关键能源基础设施的安全，以防范基础设施损坏而引起的能源紧急状态②。

欧盟 2012 年建立有关成员国与第三方国家在能源领域合作协议的信息交换机制，将原有的合作协议通告程序延伸和扩大化③。该机制要求成员国与第三方国家谈判前后，在欧盟层面上交换信息，用以强化成员国的谈判立场，在外部能源政策中用一个声音说话，并确保协议完全遵守欧盟立法及欧盟供应安全政策。

四、欧盟能源应急国际合作的主要形式

欧盟将能源合作伙伴分为 4 类：第一类是市场一体化伙伴；第二类是关键能源供应国和运输国；第三类是世界范围内的关键能源

① 相关立法包括 Regulation（EU）No. 347/2013、Regulation（EU）No. 670/2012 、Regulation（EU）No. 1316/2013 以及 Commission Delegated Regulation（EU）No. 1391/2013。

② Directive 2004/118/EC of 8 December 2008 on the identification and designation of European critical infrastructures and the assessment of the need to improve their protection.

③ Decision No. 994/2012/EU of the European Parliament and of the Council of 25 October 2012 establishing an information exchange mechanism with regard to intergovernmental agreements between Member States and third countries in the field of energy.

参与国；第四类是发展中国家。① 对于每一类伙伴，利用现有适当的法律和政策工具，开展不同形式的合作。

（一）多边合作

欧盟开展多边能源国际合作，缔结了多项重要能源条约。《能源共同体条约》② 把欧盟与阿尔巴尼亚、波斯尼亚—黑塞哥维那、克罗地亚、前南斯拉夫马其顿共和国、科索沃、黑山、塞尔维亚以及摩尔多瓦、乌克兰联系起来。其总体目标是建立一个稳定的制度和市场框架，能源共同体成员国有义务根据协商的时间框架来实施欧盟能源立法。

欧盟还积极通过国际组织，如国际能源机构、国际原子能机构、国际能源论坛（the International Energy Forum，IEF）开展多边能源应急国际合作。欧盟积极延伸 Euratom 协议的范围，倡议有拘束力的核安全标准国际立法，特别是在 IAEA 层面上促进核安全和全球性安全标准。2014 年 6 月 G7 峰会期间签署的 G7 能源动议（Energy Initiative），与欧盟的能源议程相联系，包含扩大欧盟能源供应与安全的条款，是欧盟利用国际论坛开展能源应急国际合作的最显著的成果。

（二）双边合作

欧盟的对外政策包括发展援助、贸易、双边合作协议，这也是支持先进的欧洲技术出口的方式。而能源是欧盟对外政策的一部分。欧盟与主要的能源供应者——挪威、俄罗斯、海湾国家和 OPEC，以及其他在世界能源舞台上的重要参与者——中国、印度、巴西、美国、南非和地中海国家，在能源方面建立了对话机制。在能源应急方面，欧盟成员国一贯偏好双边协议，欧盟则通过信息交

① Communication from the Commission to the European Parliament, the Council, the European Economic and Social Committee and the Committee of the Regions, on Security of Energy and International Cooperation- "the EU Energy Policy: Engaging with Partners beyond Our Borders", COM (2011) 539, 07/09/2011.

② http: //www.energy-community.org/portal/page/portal/ENC _ HOME/ENERGY_COMMUNITY/Legal/Treaty.

换机制来规范成员国与第三国的能源应急双边国际合作。

（三）项目合作

能源不仅是欧盟与合作伙伴政治和政策讨论的优先议题，还是欧盟对外合作项目的主要内容。欧盟在全世界启动了许多能源应急合作项目，从 2007 年到 2010 年，欧盟已经通过不同的金融工具，向第三国能源部门提供总额大约为 17.7 亿欧元的援助①。未来，欧盟仍将针对欧盟的合作伙伴，继续把能源作为欧盟发展政策的优先项目②。

五、《可持续能源安全方案》在国际合作方面的创新

欧洲委员会于 2016 年 2 月 16 日发布了《可持续能源安全方案》（Sustainable Energy Security Package）。该方案包括四项立法和政策提案：《天然气供应安全条例》、《关于成员国与第三国能源协议的决定》、《液化天然气和天然气储备的欧洲战略》、《供暖和制冷的欧洲战略》。该方案是 2015 年 12 月 12 日在巴黎达成新的全球普遍性气候变化协议的背景下产生的，是欧盟实施能源联盟战略③（Energy Union Strategy），应对全球能源变革以及保证能源安全的重大举措。

欧盟法的发展过程，是一个法律创新的过程④。欧盟能源法律与政策体系的特殊制度设计，在欧盟内部能源市场一体化中起到了重要作用。同时，它也是欧盟应对能源安全方面的挑战、开展国际

① Communication from the Commission to the European Parliament, the Council, the European Economic and Social Committee and the Committee of the Regions, Energy Roadmap 2050, COM（2011）885/2, 15/12/2011, p. 11.

② Green Paper: Development Policy in Support of Inclusive Growth and Sustainable Development, Increasing the impact of EU development policy, COM（2010）629, 10/11/2010, p. 18.

③ 能源联盟是 2015 年欧盟提出的重要能源战略，旨在为所有欧洲人提供安全、可持续和具有竞争性的能源。

④ 参见程卫东：《欧盟法律创新》，社会科学文献出版社 2008 年版，第 27 页。

能源合作的重要工具，更是实现欧盟可持续发展目标必不可少的条件。1996 年至 2009 年欧盟进行的三次能源改革，均以能源改革方案的发布为先导，使欧盟内部能源市场在自由化、竞争性方面取得显著进展①。《可持续能源安全方案》则继续进行多方面的法律创新，在保障能源安全、促进内部市场一体化、提高能源效率、推进建设跨越边界的基础设施的同时，更为关注国际能源合作。这表明引导国际能源合作方向、规范国际能源合作行为是欧盟能源法律政策未来发展的重要方向。

（一）扩大对国际能源协议审查

欧盟层面上的能源合作能够比单独的成员国行动取得更大成果，欧盟要求成员国、欧洲议会、欧洲公民在对外能源关系中用一个声音说话②。《可持续能源安全方案》反映出欧盟希望采取系统性的措施，进一步加强欧盟与成员国行动的协调性，保障欧盟及其成员国在国际能源合作中立场的一致性。

在国际能源合作中，欧盟成员国与第三国的双边协议对能源基础设施的发展和能源供应安全有着显著影响。这些协议必须完全符合欧盟法。《可持续能源安全方案》加强了对成员国与第三国能源协议的审查。对于协议与欧盟法的兼容性问题，从事后审查转变为事前审查；对于协议的审查范围，从审查具有法律拘束力的能源协议，扩大到包括没有法律拘束力的共同声明和谅解备忘录。

与 2012 年的《关于成员国与第三国能源协议的决定》③ 相比，

① 参见程荃：《欧盟第三次能源改革方案及其对中国的启示》，载《暨南学报》（哲学社会科学版）2011 年第 5 期，第 92~97 页。

② Communication from the Commission to the European Parliament, the Council, the European Economic and Social Committee and the Committee of Regions, on Security of Energy and International Cooperation- "the EU Energy Policy: Engaging with Partners beyond Our Borders", COM (2011) 539, 07/09/2011.

③ Decision 994/2012/EU Establishing an Information Exchange Mechanism with Regard to Intergovernmental Agreements (IGAs) between Member States and Third Countries in the Field of Energy.

新方案中的《关于成员国与第三国能源协议的决定》采用了由欧洲委员会实施的强制性的事前兼容性检查。这意味着成员国必须在能源协议缔结前将草案提交给欧委会，并且直到欧委会提出意见，成员国方能签署协议。成员国在缔结或修改协议时必须参照欧委会的意见。新决定的审查范围包括所有一个或多个成员国与非欧盟国家签订的对欧盟能源供应和欧盟内部能源市场运行有影响的协议①。这包括有法律拘束力的政府间协议和没有拘束力的文件。成员国必须向欧委会提交所有与非欧盟国家所作的无法律拘束力的承诺文件，用于事后评估。例如，对欧盟法的解释、设置能源供应条件（例如价格）或者关于能源基础设施发展的共同政治声明或谅解备忘录等。为保证政府间能源协议不会危害欧盟的能源供应安全和内部市场运行，委员会应在收到通知 6 个星期内评估政府间协议草案或现有协议的修正草案，并将其中可能存在的与欧盟法兼容性方面的疑问通知成员国。在此情况下，委员会应在收到通知的 12 个星期内将对有关疑问的意见通知成员国。而评估现有的协议或其修正案，委员会应在收到通知的 9 个月内将有关兼容性的疑问通知成员国。

（二）欧委会在供应安全中的特殊地位

欧盟能源法律与政策重视规范欧洲委员会、成员国、天然气公司在欧盟的外部能源关系中的行为。新《天然气供应安全条例》对于欧洲委员会、成员国、天然气公司的义务作出创新性规定。新方案加强了欧洲委员会在天然气供应安全合作中的作用，以保证欧盟的能源供应安全框架得到正确适用，防止成员国采取的措施危及其他成员国、地区或欧盟整体的供应安全。

新方案规定欧洲委员会负有保障成员国所采取的措施不会妨碍内部市场的功能和发展的责任；负责组织对地区层面上的预防行动计划和应急计划进行同行评价；对非市场基础上的预防计划在实施前进行评价，评估它们是否符合欧盟的内部市场规则，以及它们对

① 由于关于核能问题的政府间协议由《欧洲原子能共同体条约》规定，因此核能协议被排除在此决定外。

其他成员国、地区供应安全及对欧盟内部市场的影响。如果成员国不能根据欧委会提出的修改意见，做出适当修改，欧委会将通过有法律拘束力的决定要求成员国修改计划。

在天然气供应方面，欧委会不仅审查政府间协议，它还有权审核部分对供应安全可能产生负面影响的商业合同。成员国可以在发现有潜在的紧急情况时，要求天然气公司提供附加信息，以便在国家、地区和欧盟层面上评估供应安全形势。天然气公司在签订或修改一些与供应安全相关的合同时要通知欧洲委员会和成员国。

（三）在地区能源合作中适用团结原则

《可持续能源安全方案》采取新的更有效的措施防止和缓解可能产生的能源供应安全危机，在相邻成员国的地区天然气供应安全合作中第一次引入了团结原则（solidarity principle）①。新《天然气供应安全条例》在设计能源供应安全措施时，由国家措施向地区措施转变。在成员国发生严重的能源危机时，相邻的成员国将帮助其确保对住户和基本社会服务设施的能源供应。欧盟加强与相邻第三国的合作，能源共同体国家将更多地参与预防和应对供应危机。这将有利于加强供应安全措施的有效性，减少欧盟消费者的支出。新《天然气供应安全条例》要求增加与供应安全相关的合同的透明度，成员国应将其缔结或修改的相关协议，天然气公司应将有关合同自动通知欧洲委员会。

为保证成员国之间更好地合作，新方案推动更准确地对共同风险、同时发生危机的可能性以及可以利用的资源进行评估。成员国将在地区层面上采用共同模板，准备危机评估（the Risk Assessments）、预防行动计划和应急计划（the Prevention Action Plans and Emergency Plans），并每四年一次进行更新。欧盟在技术、法律和财政安排上适用团结原则，并将该原则纳入应急计划中。成员国在每一个跨境能源运输连接点以及能源供应路线上出现对其他成员国可能产生潜在影响的状况时，应与有关成员国共同作

① European Commission：Towards Energy Union：the Commission Presents Sustainable Energy Security Package. Brussels，16 February 2016. IP/16/307.

出有关基础设施建设的决定。这些关于适用团结原则的规定，将有利于加强欧盟成员国之间的地区合作，提高应对能源危机的能力，保障能源安全。

（四）履行国际气候承诺的新行动

建筑物和工业供暖和制冷大约占欧盟年度能源消费的50%。供暖和制冷在减排中占据重要地位。当前，欧盟的供暖和制冷仍主要依赖化石能源，可再生能源在供暖和制冷中只占18%。在供暖和制冷中减少能源消费和增加可再生能源份额，将能够明显降低空气污染。欧盟要达到它所承诺的2050年气候目标，对供暖和制冷的需求预计需要减少42%~56%①。《可持续能源安全方案》中的《供暖和制冷的欧洲战略》是欧盟第一个关于建筑物和工业供暖和制冷的提案。其目标是使供暖和制冷更为智能化，提高能源效率和可持续性，减少能源进口依赖，降低成本，减少排放。该战略是实施能源联盟战略的一个关键步骤，是欧盟在2015年气候变化框架公约第21次缔约方大会后采取的重要的应对气候变化的行动。

《供暖和制冷的欧洲战略》提出2016年将对能效指令、建筑物能源表现指令和智能建筑物的融资提案进行审查，并将采取一系列非立法行动来提高建筑物供暖和制冷的能源效率：发展政策措施促进多单元公寓建筑的翻新；推广经过证实的公共教育建筑和医院的能效模型；延伸BUILD UP技术运动②，特别是通过新的能源专家和建筑师模块来促进建筑专业人员培训。

《供暖和制冷的欧洲战略》重视能源效率和可再生能源的相互支持关系的。在即将进行的可再生能源指令和建筑物能源表现指令的审查中，将考虑增加可再生能源在建筑部门的比例。而欧洲结构

① Communication from the Commission to the European Parliament, the Council, the European Economic and Social Committee and the Committee of Regions, An EU Strategy on Heating and Cooling, COM (2015) 51, 16/02/2016.

② BUILD UP技能运动是欧洲智能能源（IEE）计划下的新战略举措，用以促进建筑部门现场施工人员和系统安装技工的教育和培训。其最终目的是为了提高整个欧洲的合格工人的数量，提供高能效的建筑物翻新以及新的、近零能耗的建筑。该计划涉及关于各类建筑物能源效率和可再生能源的技能。

和投资基金（the European Structural and Investment Funds），欧盟地平线 2020 项目（the EU Horizon 2020）以及一体化的战略能源技术计划（Integrated Strategic Energy Technology Plan）均可对可再生能源技术的发展提供财政支持。

六、欧盟与发展中国家能源合作的政策框架

在 2002 年以前，欧盟与发展中国家的能源合作都是建立在个案处理（case-by-case）的基础上。而在 2002 年《与发展中国家的能源合作》① 通报中，欧盟提出一个与发展中国家能源合作的框架，目标是把能源更有效率地一体化进与发展中国家的合作中。

（一）水平方面（Horizontal aspects）

欧盟确立了两个水平方面的行动：能源部门改革和技术转移。在能源部门改革方面，为了达到开放市场的要求，合作的发展中国家需要建立适当的法律和管理框架，特别是在市场规则方面，应进行垂直一体化公司拆分、价格机制、私人部门参与等。欧盟认为技术转移是与发展中国家合作的一个基础，与清洁煤、可再生能源、能源效率和核安全相关的技术则是其中最重要的方面。这两方面的行动中，前者难度较大，后者则更为现实可行。

（二）需求方面（Demand-side Cooperation）

欧盟认为需求合作是与发展中国家最有可能开展合作的方面。需求合作的目标是更有效地管理能源需求，并通过提高能源效率的方法来节约能源。首先，这需要保证发展中国家能够获得所需要的技术，有足够的基金和有利的法律、金融框架。因此，应倡导在公共机构、私人部门、国际组织之间建立合作。

（三）供应方面（Supply-side Cooperation）

对能源供应更高效地管理会使能源部门更为稳定，欧盟主要提出在两个领域的行动：一是促进能源供应多样化。欧盟认为要促进

① Communication from the Commission to the Council and the European Parliament of 17July2002-Energy cooperation with the developing countries, COM (2002) 408 final.

能源供应多样化，有必要帮助发展中国家获得相关技术，支持它们建立相应的法律框架和发展适当的金融机制。在核能方面应优先保证核安全，将保障高水平的安全视为基础性需要，给予技术支持，并帮助吸引私人投资到这一部门。二是促进能源网络的发展。欧盟认为，地区能源基础设施的发展能给规模经济带来利益，特别是小的发展中国家。国家之间分享基础设施的发展和管理，能减少运输成本，提高竞争力。但是，由于各国之间能源消费差别很大，并没有一个放之四海皆准的方案。对于没有足够国内网络的发展中国家，应将国内能源基础设施考虑在内。

欧盟与发展中国家能源合作的基础性目标是保证发展中国家的人和单位能够获得基本的能源服务。欧盟希望在不影响基础性目标的前提下，以欧盟经验为基础，建立能源合作方案。欧盟的经验则主要关注能源效率、减少能源浪费和促进可再生能源。

在《与发展中国家的能源合作》通报中，欧盟还提出了与发展中国家合作的 5 项长期措施：（1）把能源作为一个因素，一体化进欧盟的发展帮助项目。（2）发展制度性支持、技术帮助和能源网络。这些行动的目标是要赋予发展中国家实施其能源选择的能力。（3）发展一个规制框架和创新金融机制。例如，建立公共—私人伙伴关系，从而鼓励私人资本投资能源部门。（4）鼓励地区性合作。（5）加强欧盟内合作，并与其他国际金融提供者及国际组织合作，从而为投资发展中国家能源部门提供合作机会。

第三节　欧盟 2016 年电力领域风险预案新立法提案评析

2016 年 11 月 30 日，欧委会提出新的电力领域风险预案立法提案①。该提案的目的是为了保证所有成员国采取适当措施来预

① European Commission, Proposal for a Regulation of the European Parliament and of the Council on Risk-preparedness in the Electricity Sector and Repealing Directive 2005/89/EC, COM (2016) 862 final, 11/30/2016.

防、准备和管理电力危机形势。该立法提案认为即使在市场和应急机制运作正常的情况下，如果出现极端天气情况、受到恶意攻击（网络攻击）、发生燃料短缺等，都有产生电力危机风险的可能性。另外，由于欧盟的电力系统是一体化的，一旦发生危机状态，其危害后果极有可能是跨越国界的。根据以往的经验，一个较长时间的寒潮或热浪袭击，都有可能同时影响数个成员国，即使意外事故在发生的时候是地区性的，也有可能迅速产生跨境影响。因此，必须制定新的电力领域风险预案，来应对可能发生的危机。

一、当前欧盟电力领域风险预案的缺陷

欧盟成员国在预防、准备和管理电力危机形势的行动方面相互之间的差异非常大。成员国国内规则和实践仅仅着眼于其国内背景，对电力危机的跨境影响关注不够。新立法提案认为，成员国的国家法律框架和欧洲的实践表明，当前欧盟的电力领域风险预案存在以下几方面的不足：（1）成员国的预案各自评估不同类型的风险；（2）成员国采取不同的措施来预防、准备和管理危机形势，这些措施被触发的情境和时机不同；（3）各成员国在危机中所处的地位和承担的责任不同；（4）各成员国对于电力危机形势的构成没有共识。

另外，新提案还认为成员国在处理电力危机状态的准备方面，信息共享和透明度非常有限。例如，当成员国发现其电力系统可能处于严重压力状态下，它们经常采取行动与有关电力输送系统运营商（transmission system operators，TSOs）联系，而不是系统性地通知其他国家。当前欧盟的相关法律框架（主要是2005/89/EC和2009/72/EC指令）仅仅对供应安全设立了总体目标，而如何达成目标由成员国自主决定。特别是该框架允许成员国发生危机状态时才采取“保障措施”（safeguard measures），并没有规定成员国必须准备和管理这样的状态。

因此，欧盟现行的应对电力危机风险法律框架不能有效反映当今电力市场相互连接的实际，不足以应对出现影响数个成员国的跨境危机的新情况。欧盟希望通过新的立法提案来解决危机预案和行

动停留在单一国家的层面、缺乏信息共享和透明度、没有界定和评估风险的共同措施这样几个主要问题。

二、新立法提案的法律基础

新的电力领域风险预案立法提案提出在欧盟内预防、准备和应对电力危机状态的措施。它建立在欧盟现有法律框架基础上，其法律基础是欧洲联盟运行条约（the Treaty on the Functioning of the European Union，TFEU）第 194 条。根据这一条款，在成员国的国家措施导致次优结果，并且确实对危机产生了不利影响的情况下，欧盟将采取联盟层面上的行动加以应对。电力危机状态往往不会限制在一国境内，它可能直接或间接影响数个成员国。由于成员国对邻国的供应安全，以及对邻国所采取的应对供应短缺的措施方面存在着可能的潜在影响，因此欧盟认为在预防和减少危机方面不应该将国家行动单纯地局限于国内层面。欧洲联盟运行条约第 194 条认为合作、透明度是成员国在供应安全方面制定政策所必需的，这样才能保证能源市场的运行以及欧盟的能源供应安全。

欧盟在电力领域的权能是补充性的，是非专属权能（non-exclusive competence）。欧盟电力市场相互联系正在逐步加强，这就要求成员国在电力供应安全措施方面相互合作。缺乏这样的合作，成员国在国家层面采取的措施就有可能导致其他成员国或者欧盟在整体层面上面临供应安全风险。比如，2012 年冬季的寒潮状态带来的危机形势表明，一国单独行动会给邻国带来电力中断的风险。要保证欧盟在最需要的地方能够获得电力供应，成员国的合作行动和团结至关重要，而且在成员国之间合作可能带来更广泛的危机解决方案。

新提案为了使欧盟能够达到充分应对跨境危机的准备水平，力图在成员国之间加强信任与合作，减小危机事件对欧盟消费者的影响。为达到这个目标，它制定了应当遵守的共同规则和原则，以及跨境合作机制。但是新提案并没有要求欧盟层面上的完全统一措施。当前电力风险管理系统中的自愿合作仅限于输送系统运营商之间的合作，新提案认为有必要开展成员国之间的区域性合作，应对当前系统的不足，从而在区域性层面上解决电力危机问题。

欧盟现有的电力供应安全指令是建立在成员国对于欧盟层面上的原则加以执行的基础上的。欧盟通过对该指令进行评估，认为在欧盟范围内，成员国制定的国家规则和实践与欧盟指令的原则在衔接上存在问题。因此，新提案认为采用条例的方式进行立法更为恰当，可以保证预防、准备和应对电力危机状态的措施执行的协调性和透明度。

三、新提案完善了第三次能源改革方案

新的电力领域风险预案立法提案对欧盟第三次能源改革方案作了适当修改，完善了有关条款。被修改后的第三次能源改革方案将致力于提高内部能源市场的功能。除此之外，新提案还允许更加灵活地限制发电容量充裕补贴的范围。该提案还致力于通过建立区域合作中心，更好地在地区层面开展输送系统运营商的合作来提高电力系统安全。

新提案列出成员国应当采取的预防、准备和管理电力危机形势的措施，并规定成员国相互之间应当为此而进行合作。特别是采取共同措施来评估风险，增加预防阶段和危机过程的可比较性和透明度，从而保证即使在危机中，电力供应也能达到最需要的地方。新提案将通过电力合作集团（the Electricity Coordination Group）为电力供应安全提供一个更加系统化的监控框架。修改后的第三次能源改革方案将保证即使在危机状态下，建立在市场基础上的措施仍然具有优先性以及尽量地让市场发生作用。

新的立法提案将取代供应安全指令（the Security of Supply Directive，即 Directive 2005/89/EC）。该指令在供应安全领域曾为成员国达成目标提供了广泛框架，但是操作方面价值不高。除了供应安全指令外，当前第三次能源改革方案中的一些与供应安全相关的条款，如电力指令（Directive 2009/72/EC）第 4 条（要求成员国用国家报告来监测供应安全）和第 42 条（允许成员国在电力部门突发危机事件中采取“保障措施”）也将被取代。

新提案还完善了一些技术规则。原来根据（EC）No. 714/2009

条例第6条所采取的网络法规（Network codes）和指南，为电力运营计划和程序制定了一系列协调原则，要求预见实时运营安全方面的困难。此规则建立在"系统操作指南"(the System operation guidelines）和"应急与修复网络规则"(the Network code on emergency and restoration)的基础上，这两个文件为运营商如何保证系统安全，包括在应急状态下保证系统安全，提供了技术性规则。这些规则使得运营商能够有效处理大部分事故，但是并不能保证成员国恰当地预防和管理大规模的危机状态，特别是那些跨界和需要作出敏感的政治性决策的情况，例如电力供应中断。新立法提案提供行政和政策机制来帮助国家机构彼此合作，预防和管理危机状态，同时避免过度干预市场和运营商的活动。

新立法提案注意与现有的网络空间安全（cyber security）和关键基础设施方面的立法相协调。在网络空间安全方面，（EU）2016/1148指令（the NIS Directive）制定了总体规则，同时为了优先性也发展了一些特殊规则，例如修改后的电力条例中的网络法规，将考虑能源系统数字化带来的新的风险。新提案通过保证恰当地将网络空间事故作为风险来加以识别，在风险预案中采取应对措施，来完善（EU）2016/1148指令。

新提案也完善了Directive 2008/114/EC指令。这一指令为识别欧洲关键基础设施（ECIs）建立了共同程序。例如，发电、输送基础设施和配套设施以及需要防止恐怖袭击和其他实体性风险的基础设施。新提案更广泛地关注如何保证电力系统作为整体的恢复能力，以及在危机状态发生时如何进行管理。

第四节　欧盟能源应急法律制度的发展趋势

一、能源安全仍将是核心目标

《欧洲联盟运行条约》第194条把确保能源市场的运行、确保联盟内的能源供给安全、提高能源效率、促进节能和开发新能源与可再生能源、增进能源网络的相互联系作为欧盟能源政策的目标①。因此，能源供应安全无疑是欧盟能源应急法律政策的核心目标。从欧盟能源应急制度近年来的发展来看，这一核心目标不会动摇。

（一）欧盟能源应急制度中能源安全目标的发展

由于能源法律与政策总是与能源形势密切联系在一起，因此欧盟能源应急法律政策目标不可能是一成不变的，它也不可避免地呈现出随着能源形势不断变化的发展状态。

欧盟为了应对能源安全问题，以核能及能源市场法律政策为发端，逐步发展其能源应急制度。能源供应安全始终是其能源应急法律政策的目标。虽然供应安全的概念在过去几十年也处于变动之中。

早期的能源供应安全就是指获得充足的能源供应，防止供应短缺。《建立欧洲原子能共同体条约》是成员国共同发展核能的法律基础，建立原子能共同体的重要目标就是要在一定时期内保障成员国能源满足能源需求，获得可靠的能源供应。

20 世纪 70 年代以后，欧盟的能源市场形势发生变化，欧盟不断增加对外部能源的依赖程度，能源不能自给，而且严重依赖石油、天然气等部门，能源供应的脆弱性逐步增加。这一时期，能源安全的概念包含了通过发展可再生能源、提高能源效率等新能源形式促进能源多样化的含义。

2006 年《欧洲可持续、竞争和安全能源战略》和 2009 年第三次能源改革方案将能源供应安全发展为覆盖核能、电力、可再生能源各方面，并且包括了能源供应链的各个环节的一个新的概念。节能与能源效率、核能安全、可再生能源开发、运输网络、新能源技术发展以及国际合作都成为实现能源供应安全所要关注的因素。

在《京都议定书生效》，欧盟承担减排国际义务的背景下，它发布了《欧盟可持续发展战略》，关注代内、代际公平，自然资源

① Treaty of Lisbon amending the Treaty on European Union and the Treaty establishing the European Community, signed at Lisbon, O J C 306, 17/12/2007.

的节约，以及气候变化与可持续的生产、消费等①。2006 年 3 月欧委会发布的《欧洲可持续、竞争和安全能源战略》绿皮书正是《欧盟可持续发展战略》在能源领域的体现。《欧洲可持续、竞争和安全能源战略》将可持续性、竞争力和供应安全作为欧盟能源政策的三大目标②，三大目标在随后的可再生能源与气候变化立法方案、第三次能源改革方案、能源效率计划 2011 年、2016 年可持续能源安全方案等能源法律政策中反复得到重申。这表明可持续性、竞争力和供应安全仍将是未来欧盟能源应急法律政策主要目标，而能源安全处于核心地位。

（二）能源安全目标的双重含义

欧盟进口能源占总消费的一半以上。很多国家严重依赖单一的供应来源，包括一些国家完全依靠从俄罗斯进口天然气。这种依赖性使它们在供应中断问题上非常脆弱，无论是政治还是商业争端，抑或是基础设施故障引起的中断。例如，2009 年俄罗斯与运输国乌克兰之间的天然气争端，使得很多欧盟国家出现严重短缺。

供应安全长期以来作为欧盟能源政策的主要目标，其本身的含义也在不断发生着变化。因此，在当前欧盟能源形势下，其应急制度中的供应安全目标至少包括以下两层含义。

一是能源供应多样化。欧盟对传统化石能源的依赖性强，增加交通、电力等各部门对新能源利用，将有助于改善欧盟能源结构，促进能源多元化，增强供应安全。

二是减少对外能源依赖。一方面欧盟当前对外部能源的依存度很高，另一方面很多成员国国内拥有较为丰富的风力、地热等新能源资源，加大本地能源的开发力度，增加能源的自给比例，将能减少对外部能源的依赖，也是保证供应安全的重要措施。

---

① European Commission, Communication from the Commission of 13 December 2005 on the review of the Sustainable Development Strategy—A platform for action, COM (2005) 658, 13/12/2005.

② European Commission, Green Paper—A European Strategy for Sustainable, Competitive and Secure Energy, Com (2006) 105 final, 08/03/2006.

二、确定未来法律政策发展的主要领域

欧盟面临着长期的能源挑战。在这些挑战中，对于能源进口的依赖是特别严重的问题，欧盟当前超过一半的能源依靠进口，大约每年花费数千亿欧元。其他挑战还包括日益增长的全球需求、原油等燃料资源本身的稀缺性，以及中东等石油生产地区局势不稳，从而导致国际能源价格波动等。另外，持续使用化石燃料使得全球变暖，并污染环境，也是欧盟持续关注的问题。欧盟未来的能源应急制度发展集中于应对以下三个方面的问题：一是要保证能源供应安全，确保欧盟在任何需要能源的时间和地点都能有可靠的能源提供。二是要保证能源供应者能在一个竞争的环境中运营，确保为欧盟所有的家庭、商业和工业提供价格上负担得起的能源。三是要通过减少温室气体排放、降低污染和对化石燃料的依赖性，使得欧盟的能源消费具有可持续性。

为了解决以上这三方面的问题，从欧盟目前的一系列立法提案来看，其应急能源制度在未来一段时期内的发展主要包括三个领域：

一是发展欧洲能源联盟。通过促使能源在欧盟内部跨境自由流动，采用新技术，更新基础设施等措施来降低住户能源消费账单、创造就业和促进增长，从而保证欧盟公民和商业获得安全、负担得起、气候友好的能源。

二是建设弹性的一体化的跨欧盟能源市场——内部能源市场（the Internal Energy Market）。为此，欧盟正在建设新的管道和电网，发展联盟范围的天然气和电力网络，正在制定共同规则增加供应商之间的竞争性，为消费者提供更多选择。

三是在 2014 年 5 月发布的新的欧洲能源安全战略框架下，采取包括短期和长期措施来保障欧盟的供应安全。繁荣欧盟内部能源生产，包括发展可再生能源。同时，促进能源效率，并通过严格的诸如核废料处理和海上石油和天然气平台等方面的规则保证欧盟能源部门的安全。

三、制定2020—2050年阶段性量化指标

为了保障能源供应安全，欧盟通过多种法律政策措施制定能源战略，分阶段确定了2020年、2030年、2050年不同的量化目标。

欧盟“2020能源战略”① 确立了2010—2020年欧盟能源政策的优先性，其目标是：至少减少20%的温室气体排放；在欧盟能源结构中增加可再生能源份额，至少占总能源消费的20%；能源效率至少提高20%。

欧盟国家2030年量化目标包括：到2030年温室气体排放比1990年至少减少40%的有拘束力的目标；在欧盟可再生能源至少达到27%的有拘束力的目标；2023年能效提高27%，如果到2020年时根据评估结果，有可能提高至30%；到2030年达到内部电力15%互联，推进重要的基础设施项目建设，完善内部能源市场②。

欧盟2050年目标要达到相比于1990年温室气体排放减少95%③。它的“能源路线图2050”分析了一系列如何达成上述目标的情境。

以上这些量化目标为欧盟在能源应急制度方面提供了稳定的政策框架，为投资者提供了更大的确定性，在全球范围内确立欧盟的领导地位。近年来，欧盟已经为实现这些量化目标取得了一些成就。

1990—2012年，欧盟减排了18%的温室气体。如果能按照既定政策采取措施，预计欧盟作为整体将能够达到2020年目标。

---

① European Commission, Europe 2020 A strategy for smart, sustainable and inclusive growth, Brussels, 3/3/2010 COM (2010) 2020 final.

② Communication from the Commission to the European Parliament, the Council, the European Economic and Social Committee and the Committee of the Regins, A policy framework for climate and energy in the period from 2020 to 2030, COM/2014/015 final, 22/1/2014.

③ Communication from the Commission to the European Parliament, the Council, the European Economic and Social Committee and the Committee of the Regins, Energy Roadmap 2050, COM/2011/0885 final, 15/12/2011.

2005—2014 年欧盟可再生能源消费在能源总消费中的比例由 8.5% 上升到 15.3%。2015 年 12 月第一份“能源联盟现状”（State of the Energy Union）报告显示，欧盟自 2015 年 2 月实施能源联盟以来取得了重大进展。2015 年的可再生能源进展报告表明超过 25 个成员国有望达到它们 2013/2014 年可再生能源中期目标。能源效率预计 2020 年提高 18%~19%，略低于 20%的目标。① 但是，如果成员国实施所有必要的欧盟立法，该目标将能够实现。

四、能源安全战略中短期措施与长期措施结合

欧委会在 2014 年 5 月发布了新的能源安全战略（Energy Security Strategy）②，其目标是保障欧盟获得稳定和充足的能源供应。为此，欧盟采取了短期措施与长期措施相结合的方式，来保证能源安全。

（一）短期措施

作为能源安全战略的一部分，38 个欧洲国家（包括所有欧盟国家），在 2014 年进行了能源安全压力测试。它们模拟了为期 1 个月和 6 个月的两种能源供应中断情境：一种情境是俄罗斯对欧盟的天然气出口完全中断；另一种情境是俄罗斯通过乌克兰运输线路的天然气进口中断。

该项测试显示如果发生长期的能源供应中断，欧盟将受到持续影响。东部欧盟国家和能源共同体国家受影响将会特别严重。压力测试报告认为如果所有国家能够充分相互合作，即使在天然气中断 6 个月的情况下消费者仍能够获得能源供应。

基于对上述压力测试的分析，欧盟在 2014/2015 年冬季的应急准备中采取了一些短期措施。此外，欧盟的天然气合作集团（EU's

① Communication from the Commission to the European Parliament, the Council, the European Economic and Social Committee and the Committee of the Regins and the European Investment Bank, State of the Energy Union 2015, COM/2015/0572 final, 18/11/2015.

② Communication from the Commission to the European Parliament and the Council, European Energy Security Strategy, COM/2014/0330 final, 28/05/2014.

Gas Coordination Group）持续监测全年的天然气供应的发展。委员会也要求欧盟和能源共同体国家准备地区能源安全预案，并在2015年对这些预案进行了评估和修正。

（二）长期措施

2014年能源安全战略也采取长期措施应对供应安全方面的挑战。它提出了5个关键领域：

一是提高能源效率，实现2030年能源和气候变化目标。这一领域的优先措施重点在于建筑物和工业，这两个领域的能源消费分别占欧盟能源总消费的40%和25%。帮助消费者降低能源消费也很重要，例如提供清晰的账单信息和使用智能电表。

二是增加欧盟的能源生产，并使能源供应国和运输路线多样化。这包括进一步发展可再生的、可持续化石燃料产品和安全的核能（在选择使用核能的地区）。它也加强了与当前主要能源合作伙伴例如俄罗斯、挪威、沙特阿拉伯，以及新伙伴例如里海盆地地区国家的有效协商。

三是完善内部能源市场，建设急需的、与快速应对能源供应中断相联系的基础设施，在欧盟范围内将能源重新导向需要的地方。

四是在外部能源政策方面用一个声音说话，包括要求欧盟国家对与非欧盟国家签订的可能影响到欧盟能源供应安全的协议，在早期通知欧委会。

五是加强应急和团结机制，保护重要的基础设施。这包括在使用现有储存设施方面、发展逆流方面、实施风险评估方面，欧盟国家间要更多合作，使地区层面和欧盟层面的能源供应安全计划落实到位。

第三章　中国与欧盟能源应急合作现状与法律障碍

在缺乏全球统一的国际能源合作组织和法律机制的情况下，能源进口国多从自身利益出发，重视与能源输出国进行多边或双边合作。而中国与欧盟在国际能源合作中，都重视与全球能源生产国、过境国、消费国展开多层次的能源对话和合作，并将能源进口国之间的合作作为应对能源危机的重要方式。中国与欧盟之间具有能源应急合作的基础，同时也需要克服一定的法律障碍，逐步建立稳定的合作关系。

第一节　中国与欧盟双边能源应急合作现状

随着经济全球化的深入发展，中国在能源发展方面与世界联系日益紧密。中国的能源发展不仅满足了本国经济社会发展的需求，也给世界各国带来了发展机遇和广阔的发展空间。

一、中国是国际能源合作的积极参与者

在多边合作方面，中国与全球和区域层面的国际能源组织或其他合作机制存在多层次的合作关系。国际能源的区域性合作促进世界能源的区域化进程，从根本上改变了世界的能源格局，使其向以利益集团为主的多元化能源格局发展①。中国与区域性国际组织的能源合作程度较高，中国是亚太经济合作组织能源工作组、东盟与

---

① 参见岳树梅：《“金砖国家”能源合作的法律机制构建》，载《法学》2014年第2期，第92~100页。

中日韩（10+3）能源合作、及亚太清洁发展和气候新伙伴计划的正式成员。在区域层面合作中有实质性法律拘束力的合作多于对话性合作。

另外，在全球层面上中国是国际能源机构的联盟国和《能源宪章条约》的观察员，国际能源论坛、世界能源大会的正式成员，与石油输出国组织等国际组织保持着密切联系。但是相对于区域层面的合作，中国参与全球性合作的程度比较低，主要是对话性、一般性合作，具有法律拘束力的合作不多。从全球层面的合作来看，中国仍处于能源关系的被动参与地位，在全球能源定价体系中缺乏话语权。因此在一定法律机制的保障下开展国际能源合作，是中国当前的迫切需求。

在双边合作方面，中国一直致力于改善与各国的双边关系，希望以良好的能源双边关系作为应对能源问题的战略基础。中国与美国、日本、欧盟、俄罗斯等许多能源消费国和生产国都建立了能源对话与合作机制，在能源开发、利用、技术、环保、可再生能源和新能源等领域加强对话与合作，在能源政策、信息数据等方面开展广泛的沟通与交流。在国际能源合作中，中国既承担着广泛的国际义务，也发挥着积极的建设性作用。

二、中国与欧盟能源应急合作的基础

自 1994 年开始，中欧双方通过每年一次的工作组会议以及欧盟—中国能源合作会议开展能源对话，建立了较好的沟通机制。欧委会 1996 年出台的《欧盟对华新战略》中，将“推动改善环境和可持续发展战略”作为对华战略之一，在能源合作方面为中国开发能源资源、提高能源效率、能源保护、清洁或可再生能源供应提供技术支持，并向中国转让能源技术和技能①，在欧盟内为中欧能源合作奠定了初步政策基础。欧盟 2002 年出台的《与发展中国家的能源合作》通报提出了合作的方向和具体措施，为中欧能源应急

① 参见郭关玉：《中国—欧盟合作研究》，世界知识出版社 2006 年版，第 89 页。

合作提供了政策框架。

欧盟在中国开展了多项核安全技术和长期能源应急方面的资助项目。2004 年 12 月双方签署《中华人民共和国政府与欧洲原子能共同体和平利用核能研发合作协定》，开展核能研究合作，对双方研究人员开放研究设施。同年，双方签署中欧氢能合作会谈纪要，在氢能研发、示范方面交流开展合作①。在 2003—2008 年的中欧"能源/环境技术援助项目"中，提高能源效率和增加可再生能源的使用两个能源子项目取得了很好的成效，在此基础上可以推进中欧能源效率和可再生能源产业合作行动计划。2005 年双方签署的《中国—欧盟能源交通战略对话备忘录》，2012 年双方发布的《中欧能源安全联合声明》、《关于促进电力市场相关合作的声明》等是目前中欧能源合作的基础性文件。另外，2014 年的《中欧合作 2020 战略规划》中有关能源合作的条款也对双方的合作事项作出了规定。2014 年 3 月 31 日到 4 月 1 日，习近平访问欧盟期间，积极促进开放全面的欧盟—中国自由贸易区谈判。中国表现出与主要合作伙伴缔结双边协议的极大兴趣，欧盟也非常重视中国这种立场的根本性转变，虽然欧盟对中国的提议的第一反应相当谨慎。在峰会的最后公报中，双方同意未来谈判和缔结一个"欧盟与中国投资协议"，共同承诺走向更强的合作，将走向深度全面自由贸易协定作为长期愿景。中国希望说服欧盟"共同努力为启动一个'中欧自由贸易协定'可行性研究创造条件"②。如果中国与欧盟缔结双边协议，必将涵盖能源部门，这是双方短期内将能源应急合作法律化的较为可行的形式。

在防止环境恶化导致能源危机方面，中欧也开展了长期合作。2005 年 9 月中国与欧盟签署了《中国与欧盟气候变化联合宣言》，双方建立气候变化伙伴关系，将能源作为重点领域，开展可再生能

---

① 参见郭关玉：《中国—欧盟合作研究》，世界知识出版社 2006 年版，第 87 页。

② See Roberto Bendini, EU and US Trade Policy and Its Global Impactions (TTP, TTIP and China), European Union, 07/07/2014, p. 5.

源、节能、能源效率、碳捕获、发电和电力传输、清洁煤等方面的合作①，这为双边能源合作建立了初步基础。2010 年 4 月 29 日中国国家发展和改革委员会副主任解振华和欧盟委员会气候行动委员康妮·赫泽高于在北京举行中欧气候变化部长级磋商，并发表《中欧气候变化对话与合作联合声明》，形成了中欧气候变化部长级对话与合作机制。声明重申“共同但有区别的责任”原则和各自能力，以及全面、有效和持续实施《联合国气候变化框架公约》和《京都议定书》的目标。重申支持哥本哈根协议这一重要政治文件，并将推动在联合国谈判进程中反映协议的政治共识。双方同意根据“巴厘路线图”加紧努力并在《联合国气候变化框架公约》和《京都议定书》两个特设工作组中紧密合作②。

三、《巴黎协定》生效后中国与欧盟能源合作的发展

2015 年《联合国气候变化框架公约》第 21 次缔约方大会达成的《巴黎协定》，对 2020 年以后的国际气候合作行动作出安排。《巴黎协定》是促进全球应对气候变化行动与合作的里程碑式的重要成果，也是 2020 年后全球气候治理体系的核心要素。欧盟在 2016 年 2 月发布《可持续能源安全方案》时表示欧盟将履行有关承诺，降低发生环境危机的风险，而中国在巴黎会议期间也明确表示会承担“共同而有区别”的责任。这表明双方的长期能源应急合作将在共同应对气候变化的背景下继续展开。

《巴黎协定》如何得到实施，是关涉国际应对气候变化法律政策发展的重大问题。中国和欧盟积极推动《巴黎协定》的生效和落实，具有重要意义和影响。2016 年 9 月 3 日，中国第 12 届全国人大常委会第 22 次会议表决通过了关于批准《巴黎协定》的决定。随后，在二十国集团杭州峰会期间，习近平主席向联合国秘书长潘基文交存了《巴黎协定》批准书。接着，欧洲议会 2016 年 10

① 参见 http://www.riel.whu.edu.cn/article.asp?id=2767。

② 参见中国中央人民政府网址 http://www.gov.cn/gzdt/2010-04/29/content_1595630.htm。

月 4 日在法国斯特拉斯堡举行全会，以压倒性多数票通过了欧盟批准气候变化《巴黎协定》的决议。欧洲理事会也于当天通过书面程序通过了这一决议，并于 10 月 7 日向联合国秘书长潘基文交存了批准文书。《巴黎协定》随之迅速生效。

虽然美国在 2017 年 6 月 1 日宣布退出《巴黎协定》，为该协定的实施蒙上阴影。但是，中国总理李克强于 2017 年 6 月 1 日至 2 日，同欧洲理事会主席唐纳德·图斯克、欧盟委员会主席让—克洛德·容克在布鲁塞尔举行第十九次中国—欧盟领导人会晤。中国和欧盟就深化互利共赢的中欧全面战略伙伴关系的内涵达成一系列新的合作倡议。中国与欧盟双方确认了应对气候变化的重要性，重申在 2015 年《巴黎协定》下所作的承诺，同意加强合作，推进协定实施。中国与欧盟双方批准了《落实〈中欧能源合作路线图〉2017—2018 年度工作计划》，同意将重点在能源政策和能效标准制定、低碳能源技术、可再生能源、能源监管以及能源联网领域开展合作。

第二节　二十国集团机制下的中国与欧盟能源应急合作①

二十国集团（G20）由中国、欧盟、阿根廷、澳大利亚、巴西、加拿大、法国、德国、印度、印度尼西亚、意大利、日本、韩国、墨西哥、俄罗斯、沙特阿拉伯、南非、土耳其、英国、美国等二十方组成。它目前的主要功能是协商、讨论国际经济金融热点问题。虽然二十国集团只是一个国际经济合作论坛，并不是国际组织，但是其作为一个多边国际合作机制，在协调成员国政策方面起

① 本节所使用的数据，除另有注释外，均来自二十国集团下列官方文件：《二十国集团杭州峰会公报》，《2016 年二十国集团能源部长会议北京公报》，G20 Principles on Energy Collaboration，G20 Energy Efficiency Leading Programme，G20 Voluntary Action Plan on Renewable Energy，Enhancing Energy Access in Asia and Pacific：Key Challenges and G20 Voluntary Collaboration Plan，G20 Energy Ministerial Meeting Beijing Communiqué。

着重要作用。二十国集团如果能够更紧密地开展合作，将来也有发展成为有约束力的法律机制的可能性。

二十国集团近年来非常重视国际能源应急合作问题。2014 年它核准了《二十国集团能源合作原则》，提出“通过在能源应急反应措施上的对话与合作加强能源安全”。中国和欧盟都是二十国集团的成员。因此，充分利用二十国集团合作机制，是中国与欧盟在能源应急反应措施上开展对话与合作，加强能源安全的重要途径。

一、中国与二十国集团

（一）二十国集团概况①

二十国集团由七国集团财长会议于 1999 年倡议成立，最初为财长和央行行长会议机制。2008 年国际金融危机前，二十国集团每年举行财长和央行行长会议。2008 年国际金融危机后，升格为领导人峰会。2009 年 9 月举行的匹兹堡峰会将二十国集团确定为国际经济合作主要论坛。二十国集团峰会采用协调人和财金渠道双轨筹备机制，按照协商一致原则运作，目前没有常设机构。

二十国集团成员来源广泛，其成员的构成兼顾了发达国家和发展中国家以及不同地域利益平衡，人口占全球的 2/3，国土面积占全球的 60%，国内生产总值占全球的 85%，贸易额占全球的 80%。

截至 2017 年，二十国集团共举行过 12 次峰会，主要讨论全球重大经济金融热点问题，为推动世界经济复苏及国际金融体系改革作出重要贡献。每次二十国集团峰会举办前都会不定期举行协调人会议及财长和央行行长会，以及贸易、劳工就业、农业、能源等专业部长会议，促进相关领域的合作。

（二）中国积极参与二十国集团活动②

中国积极参与二十国集团活动，中国国家主席出席了二十国集

① 资料来源：中华人民共和国外交部网站，http：//www.fmprc.gov.cn/web/gjhdq_676201/gjhdqzz_681964/ershiguojituan_682134/jbqk_682136/。

② 资料来源：中华人民共和国外交部网站，http：//www.fmprc.gov.cn/web/gjhdq_676201/gjhdqzz_681964/ershiguojituan_682134/zghgzz_682138/。

团历次峰会。中国于2016年9月4日至5日在杭州了举办了二十国集团领导人第11次峰会。此次峰会的主题为“构建创新、活力、联动、包容的世界经济”，4个重点议题为“创新增长方式”、“更高效的全球经济金融治理”、“强劲的国际贸易和投资”、“包容和联动式发展”。

2016年9月3日，习近平主席在二十国集团工商峰会（B20）开幕式上发表了题为《中国发展新起点，全球增长新蓝图》的主旨演讲，正面回应了国际社会对中国经济前景和发展方向的关注。同时，针对世界经济面临的问题，他提出共同构建创新型、开放型、联动型和包容型世界经济的主张，全面阐述了中方的全球经济治理观。9月4日至5日，习近平主席全程主持二十国集团杭州峰会并在开幕式上发表题为《构建创新、活力、联动、包容的世界经济》的致辞，系统阐释了对当前世界经济形势的看法和二十国集团面临的最紧迫任务，提出加强宏观经济政策协调，合力维护国际金融稳定；创新发展方式，挖掘增长动能；完善全球经济治理，夯实机制保障；建设开放型世界经济，继续推动贸易和投资自由化便利化；落实2030年可持续发展议程，促进包容性发展五大方向，全面呼应峰会主题议题设计，有力地引领了峰会的有关讨论。

二、二十国集团的能源合作原则

2014年11月15日至16日，二十国集团领导人第9次峰会在澳大利亚的布里斯班举行。此次峰会发表的公报认为国际能源市场正经历重要转变，加强能源合作是二十国集团的工作重点，强劲并能够抵抗风险的能源市场对经济增长至关重要。布里斯班峰会核准了《二十国集团能源合作原则》，主要包括以下九项：

1. 确保所有人可以获得负担得起的、可靠的能源。

2. 使国际能源机构更具有代表性，对新兴和发展中的经济体更具有包容性。

3. 鼓励和推动功能良好、开放、有竞争性、有效率、稳定和透明的能源市场，促进能源贸易和投资。

4. 鼓励和推动采集和发布高质量的能源数据和分析。

5. 通过在能源应急反应措施上的对话与合作来加强能源安全。

6. 从中期上对那些鼓励浪费性消费的效率低下的化石燃料补贴进行合理改革，并逐步加以淘汰，同时意识到对贫困人口进行目标明确的支持的必要性。

7. 支持可持续增长和发展，与气候行动和气候承诺相协调，包括通过成本效益提高能源效率，以及促进可再生能源和清洁能源。

8. 鼓励和推动设计、发展、展示和广泛采用创新能源技术，包括清洁能源技术。

9. 鼓励国际能源机构之间的合作，恰当减小彼此的重叠性。

在能源应急合作方面，《二十国集团能源合作原则》中提出了成员应“通过在能源应急反应措施上的对话与合作加强能源安全”，并在建设能源市场、促进能源贸易、发展能源技术、提高能源效率、促进可再生能源和清洁能源等与能源应急有关的各方面提出了相关原则。中国与欧盟作为二十国集团的成员，无疑在能源应急合作问题上不应脱离这些原则，应当在该原则框架下，根据双方的实际需求，开展能源应急合作。

三、杭州峰会对国际能源合作的推动

2016 年二十国集团杭州峰会发布了《二十国集团杭州峰会公报》，核准了《创新增长蓝图》等 28 份核心成果文件，达成了“放眼长远，综合施策，扩大开放，包容发展”的“杭州共识”，指明二十国集团从危机应对向长效治理机制转型的新方向。

《二十国集团杭州峰会公报》及其核心成果文件提出以创新为主线，以结构性改革、新工业革命、数字经济等新元素新业态为突破口，旨在提升世界经济中长期增长潜力，挖掘增长新动力；要求着力突出发展问题，推动二十国集团就落实联合国 2030 年可持续发展议程制定行动计划；倡议二十国集团坚持构建开放型世界经济，制定全球贸易增长战略和多边投资指导原则，增强贸易和投资对经济增长的拉动作用。在能源、反腐败、就业、金融等多个领域提出一系列重大倡议和具体举措，进一步表明了二十国集团在全球

范围内的引领作用。《二十国集团杭州峰会公报》重申能源合作对构建更清洁的能源未来和确保可持续能源安全、从而推动经济增长具有重要作用。

二十国集团在会议公报和有关文件中对国际能源合作提出了具体的设想和措施。作为二十国集团成员，无疑中国和欧盟在能源合作领域应以此为指导，确立能源合作的重点领域，以及应共同采取的措施，为实现共同的目标而努力。

（一）杭州峰会对能源合作的共识

《二十国集团杭州峰会公报》第23条、第24条和第35条，表明成员就能源合作的原则、目标，主要能源合作领域，以及促进能源领域的投资等达成了共识。

1. 二十国集团能源合作原则与目标

《二十国集团杭州峰会公报》提出，根据《二十国集团能源合作原则》致力于构建运转良好、开放、竞争、高效、稳定和透明的能源市场，建设能更好地反映世界能源版图变化、更有效、更包容的全球能源治理架构，塑造一个负担得起、可靠、低温室气体排放和可持续的能源未来，同时利用好能源资源和技术。

2. 二十国集团能源合作重点领域

《二十国集团杭州峰会公报》核准了二十国集团能源部长发布的能源可及性自愿合作行动计划、可再生能源自愿行动计划和能效引领计划，要求他们定期会晤以跟踪上述计划的落实情况。会议公报指出二十国集团能源合作重点领域在于持续投资于能源和更好的地区互联互通项目尤其是可持续能源项目，认为这对确保未来能源安全、防范能源价格飙升影响经济稳定至关重要。二十国集团将同撒哈拉沙漠以南非洲国家和亚太国家一道，提高负担得起、可靠、清洁、可持续、现代化的能源服务的普遍可及性，特别是减少普及电力的障碍。二十国集团鼓励各成员在自身需要和国情基础上显著提高能效，以及调整生活方式以促进节约能源。二十国集团将探索创新合作安排，推动国际能效合作。

二十国集团鼓励在6个能效关键领域自愿开展的国际合作，其中包括重型卡车及改善其能效，同时考虑《二十国集团能效引领计划》中的有关政策措施并确保符合各国国情。重申承诺在中期内规范并逐步取消低效的、鼓励浪费的化石燃料补贴，同时向贫困人群提供支持。欢迎二十国集团成员在落实其承诺方面取得的进展并期待未来取得进一步进展；特别鼓励二十国集团成员考虑参与自愿同行审议。考虑到天然气是一种低排放的化石燃料，二十国集团将通过加强合作寻求解决方案，以推动在天然气开采、运输和加工方面最大程度减少环境影响。强调能源来源和通道多样化的重要性。

3. 促进能源领域的投资

《二十国集团杭州峰会公报》第 35 条发起《二十国集团支持非洲和最不发达国家工业化倡议》，通过自愿政策选项，强化包容增长，提升发展潜力，其中包括：促进在可再生能源和能效在内的可持续和安全能源领域的投资。除此之外，公报所提出的促进包容和可持续的结构转型，支持可持续农业、农商业和涉农产业发展，促进在可持续和富有韧性的基础设施和产业的投资，将科技和创新作为实现工业化关键手段等也与能源领域合作具有高度相关性。

（二）2030 年可持续发展议程行动计划中的能源合作议题

《二十国集团落实 2030 年可持续发展议程行动计划》是 2016 年二十国集团杭州峰会的重要成果文件之一。该计划在工作范围中提出，考虑到可持续发展议程的普遍性，二十国集团成员将通过在国家和国际层面的国别和集体行动，采取大胆的变革举措为落实可持续发展议程做出贡献。这些行动能够推进可持续发展成果，支持低收入和发展中国家根据本国优先事项落实可持续发展议程，并帮助提供全球公共产品。通过找到共同关心的问题、鼓励政策对话、加强政策一致性和政策协调，二十国集团的集体行动将围绕“可持续发展领域”展开。这些领域包括基础设施，农业、粮食安全和营养、人力资源开发和就业、普惠金融和侨汇、国内资源动员、工业化、包容性商业、能源、贸易和投资、反腐败、国际金融架构、增长战略、气候资金和绿色金融、创新、全球卫生。行动计划所列举的这些“可持续发展领域”体现了二十国集团当前和中长期承诺，将根据未来二十国集团主席国的优先事项进行更新和调整。

关于能源方面，《二十国集团落实2030年可持续发展议程行动计划》指出，在能源合作原则指导下，二十国集团在能源可及性、清洁能源和能效等领域开展工作，为2030年可持续发展议程系列目标的落实提供支持。2015年，《二十国集团能源可及性行动计划：能源可及性自愿合作》根据全球能源可及性目标，首先聚焦撒哈拉以南非洲地区。2016年，这一工作扩展至亚太地区并将在未来延伸至其他地区。二十国集团承诺将自愿采取切实行动，实施系列政策，采取金融和技术手段，提升这些区域的能源可及性。2015年通过的“二十国集团可再生能源开发自愿选择工具包”为提升可再生能源应用提供了自愿选择的工具。2016年《二十国集团可再生能源自愿行动计划》致力于通过制定能源战略，推动可再生能源运用，促进可再生能源生产和利用领域投资的便利化，可持续地提升可再生能源在全球能源结构中的比重。根据2014年《二十国集团能效行动计划》，二十国集团在2016年制定了《二十国集团能效引领计划》，致力于推动更多的能效合作，鼓励二十国集团成员根据自身需要和本国国情，积极开展能效项目，采取有关政策和措施，大力提高二十国集团成员的能效水平。二十国集团承诺逐步规范和取消低效的、鼓励浪费的化石燃料补贴，同时向最贫困人口提供有针对性的支持。二十国集团支持人人享有可持续能源的愿景，将继续努力确保人人享有负担得起、可靠、可持续的现代能源。二十国集团将继续落实《二十国集团能源合作原则》，推动现代能源体系和抗风险的、透明的能源市场，加强在能源可及性、清洁能源和能效领域的合作，推动清洁能源等创新能源技术的投资。

（三）深化结构性改革议程中的优先领域

在二十国集团杭州峰会的另一重要成果文件《二十国集团深化结构性改革议程》中，二十国集团确定的九大结构性改革优先领域，其中包括增加环境可持续性。该议程提出了增强环境可持续性的指导原则，共有四项：一是推广市场机制以减少污染并提高资源效率；二是促进清洁和可再生能源以及气候适应性基础设施的发展；三是推动与环境有关的创新的开发及运用；四是提高能源效率。

上述原则与能源领域的国际合作直接相关。在国际能源合作中，必须考虑到环境影响，将能源合作目标与环境目标相协调。

四、二十国集团将继续加强国际能源应急合作

2016年6月29日至30日，中国国家能源局举办二十国集团能源部长会议，以“构建低碳、智能、共享的能源未来”为主题，围绕国际能源发展的机遇与挑战、能源技术与创新、能源可及性的需求和政策现状等多项议题进行了广泛的讨论，达成了多项共识。此次会议提出，二十国集团成员国将在能源应急措施等领域开展合作和对话，实现能源来源和通道的多元化，不断加大能源投资，避免能源市场动荡，提高可持续能源安全。一方面肯定了二十国集团对于推动全球能源对话所作的贡献，另一方面表示二十国集团将致力于与各国际能源组织加强合作。

本次部长会议共形成了四项成果，包括一个主文件和三个附属文件。主文件是《2016年二十国集团能源部长会议北京公报》。三个附属文件分别是《加强亚太地区能源可及性：关键挑战与二十国集团自愿合作行动计划》、《二十国集团可再生能源自愿行动计划》和《二十国集团能效引领计划》。

《北京公报》重点强调二十国集团成员应对世界能源发展共同挑战方面发挥表率作用，并为此采取一致行动的意愿。公报的主要内容包括二十国集团成员支持并将积极落实《联合国2030年可持续发展议程》和联合国气候变化框架公约《巴黎协定》，并在能源可及性、更清洁的能源未来、能源效率、全球能源架构、鼓励浪费的低效化石燃料补贴、市场透明度、能源安全等方面达成的共识。公报对二十国集团成员和全球的能源安全和经济可持续发展将产生深远的影响，为推动世界经济复苏和持续健康发展注入新动力、新活力。二十国集团能源部长会议把《北京公报》提交给杭州峰会，得到了各国领导人的批准，并决定在2017年德国担任二十国集团主席国期间继续推进相关工作。

《加强亚太地区能源可及性：关键挑战和二十国集团自愿合作行动计划》再次重申二十国集团国家要采取联合行动，确保从撒哈拉沙漠以南非洲地区到亚太地区，人人能够享有负担得起、可靠、可持续的现代能源服务。该计划突出可操作性，强调加强投资、融资、创新和制度能力建设以及保障新项目的市场前景，并应因地制宜地采用技术。该计划鼓励二十国集团成员及其他国家把工作重点放在尚存较多无电人口的弱势群体和地区，以及实现现代能源可及问题最严重的地域，推动能源普及。

《二十国集团可再生能源自愿行动计划》鼓励成员结合实际，制定本国能源转型战略，重点是可再生能源发展战略，并提出具体的实施计划。该行动计划鼓励成员进一步减少投资障碍和风险，促进可再生能源领域投资，实现可再生能源在全球能源结构中所占比重大幅提高。最后，该行动计划鼓励成员进一步降低可再生能源的开发利用成本，大幅提高可再生能源在全球能源结构中的占比，让能源转型成果惠及更多国家、更多家庭。

在2014年提出的《二十国集团能效行动计划》基础上，2016年二十国集团能源部长会议提出的《二十国集团能效引领计划》将自愿地开展能效领域的国际合作，从6大关键领域扩大到11个关键领域。不仅覆盖了交通工具、联网设备、能效融资、建筑节能、能源管理和发电等6个重点领域，还增加了“双十佳”（TOP TENs）、超高能效设备（SEAD）、区域能源系统（DES）、能效知识分享框架、终端用能数据和能效度量等5个重点领域。该引领计划明确了各个重点领域的长期目标，是一项推动能效提升的长期国际合作计划。

五、二十国集团机制下中国与欧盟能源应急合作的优势

在2014年布里斯班峰会上，二十国集团在《二十国集团能源合作原则》中将“通过在能源应急反应措施上的对话与合作加强能源安全”作为能源合作的一项重要原则，并且在2016年二十国集团能源部长会议再次提出二十国集团成员将在能源应急措施等领域开展合作和对话。由此可见，能源应急合作是二十国集团框架下

国际能源合作的重要内容。

中国与欧盟都是二十国集团成员，也是当今世界的两大能源消费实体，两者借助于二十国集团近年来通过一系列国际文件确立的能源合作框架，开展能源应急合作方面具有一定的优势。

（一）有利于能源供应安全的可持续性

中国和欧盟双方都需要负担得起的可靠的能源供应。二十国集团框架下的能源合作，有利于中国和欧盟实现能源来源和通道的多元化，避免能源市场动荡，保障可持续的能源安全。

二十国集团以全球化的视野关注能源安全。中国与欧盟在能源供应安全领域的合作不仅包括双方自身的能源供应安全问题，也涉及全球的能源供应安全问题。全球有超过 11 亿人用不上电，其中有很多居住在撒哈拉以南非洲地区。能源获取对于实现《2030 年可持续发展议程》（2030 *Agenda for Sustainable Development*）中定义的可持续发展至关重要。作为二十国集团对该议程贡献的一部分，2015 年二十国集团领导人安塔利亚峰会上核准了一份新的行动计划：《二十国集团能源可及性行动计划：能源可及性自愿合作》（G20 *Energy Access Action Plan*：*Voluntary Collaboration on Energy Access*）。该计划得到了“人人享有可持续能源”（SE4ALL）、非洲利益相关方及其他国际组织的支持，致力于促进协作、投资、地区整合和能力建设，特别关注撒哈拉以南非洲地区。

中国和欧盟支持《二十国集团能源可及性行动计划：能源可及性自愿合作》，愿意在二十国集团内加强协调并建立可逐步适用于多个能源领域的长期自愿合作框架。中国和欧盟在考虑各国需求和情况的基础上，同有关区域、国际组织在各方面开展合作，包括政策和监管环境、技术研发和应用、投资和融资、能力建设、区域一体化和合作等。双方都愿意在能源领域采取持续行动，包括提高能效、增加清洁能源技术投入以及支持相关研发活动，这对应对气候变化及其影响具有重要作用。在 2015 年峰会上核准的《二十国集团可再生能源开发自愿选择工具箱》，在推动能效合作方面取得进展，包括汽车（尤其是重型载重卡车）能效及排放表现、联网设备、建筑、工业流程、发电和能效融资等领域都取得成果。中国与欧盟都强调能源来源多样性和持续投资增强能源安全的重要性，致力于中期内逐步规范和取消低效的、鼓励浪费的化石燃料补贴，同时兼顾贫困者的需要。双方将继续发展包括天然气市场在内的透明、竞争和运转良好的能源市场，落实二十国集团能源合作原则。

（二）有利于降低能源投资风险

能源投资在全球总投资需求中所占的比例非常高。据国际能源机构估计，要满足全世界的能源需求，从当前到2035年的这段时间里约需要投资48万亿美元。想要建立一个具有高透明度、充分竞争性并能得到有效监管的全球能源市场，以及维持全球能源市场的稳定，都需要通过能源合作才能达成。以欧洲为例，虽然欧洲能源市场的对外依存度高，但是欧盟一直致力于形成统一的内部能源市场，其自成立以来采取了各种法律政策措施，保证内部能源市场的竞争性和统一性。无论是传统的化石燃料，还是新能源，都被纳入了内部能源市场中。目前，28个欧盟成员国和土耳其，形成了一个统一的能源贸易体系，它们的经验非常值得借鉴。

与欧洲不同，亚洲的能源市场还完全处于碎片化的状态。东北亚几个国家没有形成统一的能源市场，即便是成员国相互关系紧密的东盟也未能形成统一能源市场。亚洲新兴经济体对于能源的需求非常大，但是能源市场的竞争很混乱，能源金融体系也不完善，长期以来在油气贸易本币结算、能源定价上缺乏话语权，导致亚洲能源价格高于其他国家和地区。能源市场这样的状态使各国都有加强能源合作的共同诉求。对于中国来说，需要从能源资源投资、全球能源定价、人民币国际化等角度，重新建立成熟能源金融体系，把能源上中下游领域的能源开发中心、加工炼化中心和市场中心整合起来，塑造符合新兴经济体未来的能源金融体系①。

由于在当前市场条件下所采取的能源投资决策将影响未来的市场平衡和环保成果，各国需要对能源形势进行监测和评估，以降低能源投资的风险。二十国集团在分析当前全球能源市场形势的基础

① 参见王文：《G20须重塑国际能源治理体系》，《中国能源报》2015年8月3日。

上，特别强调支持清洁能源技术投资的重要性。而欧盟与中国在全球清洁能源技术领域处于领导者的地位，这是双方投资的重点领域。不论是中国还是欧盟的能源投资，都不可能单方面完成。这需要全球范围内的合作与协调，当前在国际能源署、国际能源宪章等国际组织的框架下进行合作是一条重要途径。此外，二十国集团作为有广泛代表性的国际论坛，为以中国为代表的新兴经济体提供了一个表达利益诉求的平台，而发达国家也需要通过这个平台与发展中国家协调有关规则，从而保持在能源市场上的基本利益。二十国集团为中国、欧盟及其他成员在能源投资方面加强合作，降低能源投资风险提供了充分交换意见、制定有关规则的场所。

第三节　一带一路战略下中国与欧盟能源应急合作的发展

“一带一路”是国家主席习近平在 2013 年出访中亚和东南亚国家期间提出的倡议，包括共建“丝绸之路经济带”和“21 世纪海上丝绸之路”。该倡议自提出以来，受到国际社会高度关注。同年，国务院总理李克强在参加中国—东盟博览会时也提出，铺就面向东盟的海上丝绸之路，打造带动腹地发展的战略支点。中国政府于 2015 年 3 月制定并发布了《推动共建丝绸之路经济带和 21 世纪海上丝绸之路的愿景与行动》，用以推进实施“一带一路”重大倡议，让古丝绸之路焕发新的生机活力，以新的形式使亚欧非各国联系更加紧密，互利合作迈向新的历史高度。

一、一带一路战略下中国开展能源合作概况

“一带一路”建设是中国加强区域经济合作的重大战略，是一项造福世界各国人民的伟大事业。加快“一带一路”建设有利于促进沿线各国经济繁荣，加强不同文明交流互鉴，促进世界和平发展。“一带一路”建设是一项系统工程，要坚持共商、共建、共享原则，积极推进沿线国家发展战略的相互对接。

（一）一带一路战略促进中欧合作

21世纪，世界形势发生着复杂的变化。时至今日，国际金融危机深层次影响仍然存在，全球经济复苏缓慢，国际投资贸易格局和多边投资贸易规则也处于变动和调整之中，各国都面临着严峻的发展问题。当前，中国经济和世界经济紧密联系，不可分割。中国推进“一带一路”建设，是坚持对外开放基本国策，构建全方位开放新格局，深度融入世界经济体系的重大举措。这既能满足中国扩大和深化对外开放的需要，又能加强和亚欧非及世界各国互利合作，是实现多方共赢的重要战略。

共建“一带一路”，顺应世界多极化、经济全球化、文化多样化、社会信息化的潮流，秉持开放的区域合作精神，致力于维护全球自由贸易体系和开放型世界经济。共建“一带一路”旨在促进经济要素有序自由流动、资源高效配置和市场深度融合，推动沿线各国实现经济政策协调，开展更大范围、更高水平、更深层次的区域合作，共同打造开放、包容、均衡、普惠的区域经济合作架构。共建“一带一路”符合国际社会的根本利益，彰显人类社会共同理想和美好追求，是国际合作以及全球治理新模式的积极探索，将为世界和平发展增添新的正能量。①

实施“一带一路”战略，将对中国与欧盟的经济合作产生重大影响。“一带一路”致力于亚欧非大陆及附近海洋的互联互通，贯穿亚欧非大陆，一头是活跃的东亚经济圈，一头是发达的欧洲经济圈。丝绸之路经济带重点畅通中国经中亚、俄罗斯至欧洲（波罗的海），中国经中亚、西亚至波斯湾、地中海，将诸多欧盟成员国包括在内。而21世纪海上丝绸之路重点方向是从中国沿海港口过南海到印度洋，延伸至欧洲。在该战略下，中国将与欧盟成员国，特别是其中东部国家建立和加强互联互通伙伴关系，促进投资和消费，创造需求和就业，构建全方位、多层次、复合型的互联互通网络，实现各国多元、自主、平衡、可持续的发展。

---

① 中国国家发展改革委员会：《推动共建丝绸之路经济带和21世纪海上丝绸之路的愿景与行动》，2015年3月28日。

（二）一带一路战略推动国际应急能源合作

“一带一路”沿线各国有着不同的资源优势，经济上有着较强的互补性，在很多方面都有合作空间，而且潜力巨大。中国希望以政策沟通、设施联通、贸易畅通、资金融通、民心相通为主要内容，在一些重点领域加强合作，其中就包括能源领域。

在关于“一带一路”战略合作重点的阐述中，中国政府在多处强调国际能源合作。其中与能源应急合作最紧密相关的是，中国希望加强能源基础设施互联互通合作，共同维护输油、输气管道等运输通道安全，推进跨境电力与输电通道建设，积极开展区域电网升级改造合作。

另外，中国还希望加大煤炭、油气、金属矿产等传统能源资源勘探开发合作，积极推动水电、核电、风电、太阳能等清洁、可再生能源合作，推进能源资源就地就近加工转化合作，形成能源资源合作上下游一体化产业链。加强能源资源深加工技术、装备与工程服务合作。

在推动新兴产业合作方面，中国提出按照优势互补、互利共赢的原则，促进沿线国家加强在新能源等新兴产业领域的深入合作，推动建立创业投资合作机制。

因此，在“一带一路”战略指导下，中国的国际能源应急合作将以维护能源安全为重点，通过推动跨境网络建设、能源资源合作勘探开发，加强水电、核电、风能等新能源合作等方式来实现。

二、一带一路战略为中欧能源应急合作带来机遇

“一带一路”战略为中国与欧盟应急能源合作带来了新的机遇。

（一）在欧盟层面上支持欧洲单一能源市场

2015 年 9 月 28 日举行的第五次中欧经贸高层对话的主题，就是从战略高度推进双向投资，便利双向贸易，希望双方围绕经济投资环境、投资贸易、投资协定谈判、投资合作互联互通，特别是“一带一路”倡议和欧洲投资计划的对接，以及国际产能合作、数字经济与网络安全、可持续投资等议题进行深入交流。中国将对总

额为 3150 亿欧元的欧盟投资计划进行投资，其中包括对欧洲单一能源市场的支持。欧盟将建立相关的监管规则、法律，让市场能够发挥更好的作用①。

（二）与欧盟中东欧成员国开展能源合作

“一带一路”沿线国家包括 16 个中东欧国家，除了阿尔巴尼亚、波黑、马其顿、黑山、塞尔维亚等 5 国，其他 11 个国家均为欧盟的成员国。它们是保加利亚、克罗地亚、捷克、爱沙尼亚、匈牙利、拉脱维亚、立陶宛、波兰、罗马尼亚、斯洛伐克和斯洛文尼亚。

中国与“一带一路”沿线 16 个中东欧国家合作的主要机制是“中国—中东欧国家合作”（简称“16+1 合作”）。“16+1 合作”于 2012 年启动，17 国在《中欧合作 2020 战略规划》指导下推动了中国和中东欧国家关系发展，促进了中欧全面战略伙伴关系全方位、均衡发展。2015 年《中国—中东欧国家合作中期规划》中提出“16+1 合作”将充分把握“一带一路”建设带来的重要契机，不断拓展合作空间，同时为“一带一路”建设作出更多贡献。同时，“16+1 合作”将与欧盟重大倡议和规划对接，有效促进中欧和平、增长、改革、文明四大伙伴关系。欢迎和支持建立中欧互联互通平台。

《中国—中东欧国家合作中期规划》注意到欧盟有关政策承诺和优先方向，在能源合作方面提出加强在油气管网等基础设施建设领域合作；鼓励中国和中东欧国家遵循透明、负责的原则发展核能项目合作；加强水电、风电及其他可再生能源等领域合作；欢迎并支持能源项目对话与合作中心倡议。

除了利用“16+1 合作”机制外，中国与“一带一路”沿线欧盟成员国波兰、捷克、保加利亚、斯洛伐克、匈牙利等分别签署了《关于共同推进“一带一路”建设的谅解备忘录》，为能源领域的中长期合作奠定了基础。

---

①　参见闫磊：《中欧经贸高层对话开启 中国将对接欧盟投资计划》，《经济参考报》2015 年 9 月 29 日。

（三）推动能源合作项目建设

在“一带一路”战略下，中国与中东欧国家加强沟通磋商，大力推动能源合作项目建设。2016年11月，第五次中国—中东欧国家领导人会晤在拉脱维亚的里加举行，共同制定和发表了《中国—中东欧国家合作里加纲要》。该纲要认为有必要并愿共同努力对接“一带一路”倡议和泛欧交通网络等欧盟有关倡议，提出了具体的能源合作项目建设。具体包括支持罗马尼亚牵头组建中国—中东欧国家能源项目对话合作中心，欢迎中国和中东欧国家相关机构、企业、组织等根据自愿原则参与中心建设，支持中心推动能源领域合作，以及2017年在布加勒斯特举办首届“16+1”能源博览会。

另外，“一带一路”为中国能源企业提供了国际化的机遇。近年来，中广核、中国国家电力投资集团等在罗马尼亚、保加利亚等国投资了大型能源项目。

综上所述，“一带一路”战略为中国与欧盟的能源应急合作提供了新的机遇，同时也凸显了一些法律问题。在中国与欧盟的能源应急合作实践中，应充分考虑这些新的形势，探索符合中国与欧盟双方利益的合作机制。

第四节　中欧能源应急合作面临的法律政策障碍

虽然中国与欧盟的能源应急合作具有一定基础，但是仍然存在着法律和政策方面的障碍。

一、能源应急法律政策框架差异

当一国政府采取的政策被其他国家的政府视为能够促进彼此目标时，政府间的合作就会发生。合作并不意味着没有冲突，而是在存在冲突的时候，努力去克服现实或者潜在的冲突。往往合作是行为者认为他们的政策处于实际或潜在的冲突情况下，而不是在和谐的情况下发生的。因而合作的实质并不是不存在冲突，而是能够对冲突或者潜在冲突作出正确的反应。① 能源应急领域的合作也反映了这种冲突与合作的并存关系。无论是各国的国内法，还是欧盟这种超国家组织的法律，其在能源应急领域的立法目标都是与其开展国际应急能源合作的目标一致的。国内法（欧盟法）为国家或实体实现国际合作提供内部制度上的保障；国际合作则是通过合作，制定国际法规则，维护国际能源安全，从而通过国际机制实现本国（欧盟）的能源目标。因而国际合作和国内法（欧盟法）的建设是相互影响、相互促进的关系。

欧盟发展了一个巩固的能源应急法律、政策框架，在国际合作方面希望合作者、伙伴国也有相应的法律框架。在与东欧和东南地中海伙伴国的合作中，欧盟采用地区趋同的方式，促使伙伴国的法律框架现代化，从而建立共享的、兼容的法律工具开展合作②。欧盟开展能源合作，建立能源共同体的目标就是将欧盟现有能源立法到扩大到邻国，并在关注欧盟供应安全的情况下加强。这要通过在参与国能源部门的改革来实现，同时在欧盟能源监管框架内将参与国能源系统现代化和全面一体化。欧盟制度必须考虑在短期到中期进一步加强实施机制。欧盟与能源共同体成员合作的深度也取决于他们在“多则更多，少则更少”（more for more less for less）规则下的进展，在这种情况下第一个也是最重要的要求就是立法相近（legislation approximation）③。中国目前的能源应急法律框架并不完善，与欧盟存在很大差异，虽然中国与欧盟已经把改善中国国内立法作为能源领域合作的重要内容，但是短期内提高立法相似性仍有困难，这无疑是发展中国与欧盟全面能源应急合作的一大障碍。开展能源应急合作需要调整法律和政策，消弭一些妨碍合作现实的和

---

① 参见罗布特·基欧汉著，苏长和译：《霸权之后——世界政治经济中的合作与纷争》，上海世纪出版集团2001年版，第62~64页。

② See Amal Chevreau, Political, Social and Economic Impacts of EU Policies with Its Mediterranean Partners- Focus on ‘Investment’, European Union, 25/04/2014, p. 35.

③ See Gulchohra Aliyeva, Eastern Partnership Prospects on Energy Efficiency and Renewable Energy, European Union, 16/12/2013, p. 31.

潜在的可能导致冲突的法律和政策因素。

二、双边合作缺乏法律机制

目前，中国与欧盟双边合作以政治性机制为主，缺乏有拘束力的法律机制。一方面，中国与欧盟的能源合作文件基本上都是政治性声明和备忘录，例如2005年《中国—欧盟能源交通战略对话备忘录》，2012年《中欧能源安全联合声明》、《关于促进电力市场相关合作的声明》，2014年的《中欧合作2020战略规划》中有关能源合作的条款，以及《落实〈中欧能源合作路线图〉2017—2018年度工作计划》等。这些是目前中欧能源合作的基础性文件，但是它们主要是表明中国与欧盟在能源合作上的意愿和合作方向，并不是国际法意义上的国际条约，所以对双方并不具有法律拘束力。这就意味着双方在能源合作问题上并没有通过双边协议来确定权利和义务关系。

另外，中国与欧盟在具体的双边能源合作方式上，也是以政治性对话为主，辅以一些官方的能源项目行动。自1994年起双方召开中国—欧盟能源合作大会，这是中国与欧盟在能源合作领域规模最大、级别最高的会议。中国和欧盟的政府及企业界高级代表参加能源大会，共商能源领域面临的问题，是中欧官方和企业界对话的重要平台。中欧高级别能源工作组于1997年成立，是中欧进行能源合作的重要形式，合作组每两至三年召开一次会议，指导和协调中欧能源合作。2006年，中国与欧盟举行了第一次中欧能源对话，至今双方已经进行了6届中欧能源对话，对话不但促进双方在能源领域相互了解，也确立了双方在能源领域的重点，并推进了一些卓有成效的能源合作项目。2012年开始的“中欧能源高级别会议”也是围绕能源安全保障、能源发展战略与规划开展合作的政治机制。另外，中国与欧盟领导人在历次会晤中也都涉及能源议题，在联合声明和公报就能源问题达成共识，在会晤期间签署有关能源的协议和谅解备忘录等。同时，中国政府与欧盟机构也发起了一些双边合作项目上，例如中国—欧盟能源环境项目、中国—欧盟清洁发展机制促进项目、中欧清洁能源中心项目等。

从全球国际能源合作的发展来看，法律机制下的合作必不可少，欧盟本身就是一种成员国之间进行能源合作的法律机制。法律机制缺失或不足会导致能源合作失去方向、缺乏约束，因此中国与欧盟的能源应急合作不能停留在政治对话层面，需要构建双边合作的法律机制。

三、多边法律机制中的地位问题

国际多边能源合作机制为各国开展能源合作提供了很好的规则和制度框架。尤其是建立在多边条约基础上有法律拘束力的国际能源机制，在能源应急响应、能源危机预警、能源和环境情报共享方面发挥着不可替代的作用。

目前我国参加的能源多边合作机制分为两种类型，一种是对话、论坛、会议形式的机制，例如国际能源论坛、世界能源大会等。中国是国际能源论坛的正式成员，该论坛成立于 1991 年，是石油生产国与消费国之间的对话机制；世界能源大会（World Energy Congress）由世界能源理事会主办，每三年举行一次，是全球能源界讨论能源工业发展的最主要会议。中国是上述论坛和会议的正式成员，但是由于上述机制并不是国际法意义上的国际组织，不具备国际法主体资格，并不能就所讨论的问题签订国际协议，会议讨论的结论或决议不具有法律拘束力。

另一种多边能源合作机制是由具有法律拘束力的国际条约建立起来的国际能源合作机制，包括国际能源机构、能源宪章会议、石油输出国组织等。建立在《关于国际能源计划的协议》基础上的国际能源机构，为成员国应对能源紧急事态提供了可靠的应急措施，并在合作中把能源信息交流、环境保护等长期能源应急措施都纳入其中，为成员国能源应急合作提供了制度保障。但是中国不具备成为国际能源机构成员国所必须的四项条件：（1）是经合组织（OECD）成员国；（2）是原油净进口国；（3）拥有相当于 90 天净进口量的原油或油品储备，且政府可在紧急情况下动用（基于"紧急响应协调机制 CERM"）；（4）具有一套可削减 10%全国需求的需求约束方案。作为非成员国，要通过该机制进行能源应急合作所享有的权利和义务是无法与成员国相提并论的。近年来中国与国际能源机构的合作已明显加强，2015 年成为首批国际能源机构联盟国之一。如何在国际能源机构这一最重要的能源消费国应急合作机制下开展与欧盟的合作，是一个值得探讨的议题。另外，《能源宪章条约》作为国际能源领域具有法律约束力的多边条约，对推动和促进能源领域的贸易、投资和运输活动以及国际能源争端的解决具有重要意义，它是全世界参加国家最多的国际能源多边条约。[①] 欧盟是《能源宪章条约》的缔约方，而中国是能源宪章会议的观察员国，两者的法律地位是不同的，因此在该条约机制下的合作活动也受到很大限制。

四、能源投资规则缺乏透明度

为了投资能达到一定程度的预期收益，投资者通常在清晰透明的规则和政策稳定的情况下才愿意投资能源部门。因此，发展能源应急国际合作，需要稳定的法律政策体系和透明的投资环境。能源商业受政治影响，腐败行为对竞争和消费者利益有害。无论是国内的能源应急措施，还是国际能源应急合作，都需要适当的投资机制、激励和监管体系。在透明的投资环境下，各种经济工具能够得到积极有效地运用，才能提高各方的合作兴趣，发挥能源合作的作用。这包括投资激励措施、标准、次级规则、价格、税收、收费等。

发展能源应急合作，需要稳定、平衡和透明的法律框架。欧盟有这样的框架，希望合作伙伴亦有之。欧盟为能源应急合作建立了稳定的政治和法律框架，希望合作者、伙伴国采用固定的政策计划文件、行动规划、法律和规则，来保障能源商业投资环境的透明度，并重视工业和民间社会组织的参与。在欧盟成员国中，关于如何采用能源应急的相关决策基本上是公开、毫无秘密可言的。因此，欧盟希望伙伴国能按照良好治理的原则作出决策，不能在如何

---

① 参见程荃:《欧盟新能源法律与政策研究》，武汉大学出版社 2012 年版，第 53 页。

决策、为何决策的过程中暗箱操作。稳定的政策和商业环境，无疑会提高公共、私人部门对能源应急合作的参与度，为能源投资提供明确的刺激。

中国在能源政策稳定性以及商业环境透明度方面都有待提高。例如，在能源效率合作，欧盟及成员国建立了一些成功的控制机制，形成了稳定有效的能源效率投资。防止大公司和产业运作者垄断能源发展项目，限制能效行动。而中国尚没有建立有关能效行动的法律控制措施。能源审计系统的可用性较差，难以帮助公共和私人部门评估节能潜力，这不利于预计采取适当措施开发特定项目的商业潜力。因此，我国需要建立稳定的法律政策框架来发展能源应急合作，将商业道德规范法律化，从而吸引投资。

五、能源与环境、气候政策需要协调

欧盟始终将能源政策与环境、气候政策结合在一起，以环境、气候政策促进能源政策的改进与实施，减少环境危机引发能源危机的风险。在签署《联合国气候变化框架公约》后，欧盟开始制定一系列气候政策。1997 年 5 月，欧委会发布了题为《气候变化的能源维度》的通报，体现了欧盟将能源政策与气候变化政策紧密结合，为实现温室气体减排寻找有效途径①。1999 年欧盟提出需要发展与《京都议定书》衔接的新机制，并于 2000 年启动“欧洲气候变化计划”（European Climate Change Programme，ECCP），鼓励成员使用可再生能源发电、在交通部门推广生物燃料、改善建筑能效②。

欧盟逐步将其承担的国际气候责任融入能源应急法律政策中。2002 年和 2007 年能源领域的两次大规模的立法提案中，都体现了

① European Commission, the Energy Dimension of Climate Change, COM (97) 196 final, 14/05/1997.

② European Commission, Communication from the Commission to the Council and the European Parliament on EU policies and Measures to reduce green gas emissions: towards a European Climate Programme (ECCP), COM (2000) 88 final, 08/03/2000.

应对气候变化的目标。2008 年 1 月，欧委会为实施 20—20—20 目标提出了有拘束力的立法提案："气候行动和可再生能源法案"，欧洲议会 2008 年 12 月通过，2009 年 6 月正式成为法律①。欧洲议会通过气候行动和可再生能源法案，为欧盟实现温室气体减排目标提供了一个立法框架，是其通过立法承担应对气候变化国际义务的体现。

"共同但有区别的责任"是 1992 年《里约环境与发展宣言》中提出的重要原则："各国应本着全球伙伴精神，为保存、保护和恢复地球生态系统的健康、完整进行合作。鉴于导致全球环境退化的各种因素，各国负有共同但是又有区别的责任。发达国家承认，由于他们的社会给全球环境带来的压力，以及他们所掌握的技术和财力资源，他们在追求可持续发展的国际努力中负有责任。"② 由此可见，"共同但有区别的责任"包含着"共同责任"和"区别责任"两重含义。

一方面，所有国家都有责任共同努力应对气候变化；另一方面，发达国家与发展中国家应根据各自的历史及现实情况对气候变化承担有区别的责任。在《京都议定书》、"巴厘路线图"等有关国际文件中对发达国家提出明确要求，发展中国家也需要制定自身应对气候变化的具体措施。

中国作为世界上最大的能源消费国③以及一个负责任的大国，不能仅仅等待发达国家提供资金和技术支持，也需要制订相应的任务承担计划。将环境、气候政策与能源法律政策结合起来，形成推动能源应急国际合作的有利因素。2005 年 9 月中国与欧盟签署《中国与欧盟气候变化联合宣言》，2010 年 4 月 29 日中国与欧盟发表《中欧气候变化对话与合作联合声明》，都表明双方在气候和环

---

① 参见欧委会气候行动网址 http：//ec. europa. eu/clima/policies/package/index_en. htm。

② U. N. Conference on Environment and Development, June 3-14, 1992, Rio Declaration on Environment and Development, U. N. Doc. A/CONF. 151/26 (1992).

③ See *World Energy Outlook* 2011, available at www. worldenergyoutlook. org.

境政策方面的合作意向，并逐步开展了一些具体的节能、能效、新能源研发等合作项目。但是，从能源法律政策的角度来看，目前我国应对气候变化的国际责任只是在《节能减排综合性工作方案》等有关政策文件中有所体现，但是远未形成法律政策体系。借鉴欧盟能源立法经验，我国在制定能源基本法以及其他能源法律时，应把控制温室气体排放、应对气候变化战略结合进去，再逐步加强有关部门规章和地方法规中应对气候变化的内容，逐渐形成体系。

第四章　中国与欧盟能源应急合作法律机制构想

国际合作机制是指两个或两个以上国家之间建立起来的比较稳定的在政治、经济、文化等方面的双边或多边合作模式①。

第一节　中国—欧盟能源应急合作的法律原则

中国与欧盟能源合作中的法律原则是指导双方开展能源合作、调整双方能源关系的基本准则。欧盟《可持续能源安全方案》中的有关法律创新，反映了欧盟国际能源合作的发展走向，这对于中国与欧盟能源合作的发展有着导向性作用。《可持续能源安全方案》的有关立法措施遵循了国际能源合作的一些固有法律原则，同时也对相关原则的具体内容有了新的阐释。这些原则相互联系、相辅相成，构成中国与欧盟及其成员国在未来国际合作中履行各自义务、开展能源活动的基础。

一、可持续发展原则

可持续发展概念已成为国际法的一部分，它为国际能源法奠定了解释法律、运用法律和发展法律的基础②，是国际能源法的一项基本原则。在国际能源法领域，可持续发展原则是指国际能源法对

---

①　吴宏伟主编：《中亚地区发展与国际合作机制》，社会科学文献出版社 2011 年版，前言。

②　参见［新西兰］克劳斯·鲍斯曼：《能源可持续发展的伦理学蕴含》，载《比较法研究》2004 年第 4 期，第 151 页。

能源利用的规范，既要满足人民生活的能源需求，有效保障国家的能源安全；又要最大限度地减少能源生产转换利用对环境和健康的影响，形成能源可持续发展机制，为今后更长远的发展奠定基础①。

可持续发展也是欧盟和中国能源法律政策的目标和原则。欧盟把可持续发展定义为：指短期、中期，尤其是长期，能满足社会福利方面需要的一种经济增长方式，它是建立在发展必须满足今天的需要，又不能危害未来世代的发展预期的基础上的②。欧盟致力于环境保护和可持续发展，是可持续发展法律的先驱。欧盟及成员国是能源可持续发展方面国际条约的倡导者与积极参加者，并在履行相关国际义务方面有一定的示范作用。可持续发展是欧盟新能源法律和政策的三大目标之一，欧盟发展能源法律政策，并与气候变化政策相结合，促进可持续、竞争性、供应安全目标的实现。因此，可持续发展对于欧盟的国际能源合作具有特殊意义，既是它的目标，同时又是它的一项基本原则。

对于中国来说，可持续发展是能源立法的一项基本原则，主要包括以下三层含义：一是能源供应的可持续性。即开发可再生能源等新能源，特别是增加运输部门对生物燃料等替代能源的使用。二是提高能源效率，降低能源需求。这主要是反映在节能和能源效率法律政策中，提高用能产品生态设计要求、标签制度以及建筑物能耗的能效标准，都将从整体上降低能源需求，从而实现减排和可持续发展。三是能源利用的环境可持续性。即大力发展低碳新能源，减少因能源利用造成的环境污染，进而为应对全球气候变化作出贡献。

可持续发展涉及环境、经济、社会、能源、人权等各个领域，其在能源国际合作中日益受到重视。可持续发展被规定在诸多与能

---

① 参见杨泽伟：《国际能源法：一个新的国际法分支》，载《华冈法粹》第四十期，2008 年 3 月，第 195 页。

② 参见欧委会条约办公室数据网址 http：//ec. europa. eu/world/agreements/glossary/glossary. jsp#summary。

源、环境相关的双边和多边条约以及其他国际法律文件中，成为国际社会的根本目标，体现国际社会的核心价值。《气候变化框架公约》第 21 次缔约方大会达成的巴黎协议也再次重申了可持续发展的理念。

欧盟《可持续能源安全方案》仍然将可持续性置于其能源法律政策的中心地位，不但在方案的名称中直接表述，同时在方案关于国际合作的具体措施中加以贯彻体现。《天然气供应安全条例》、《供暖和制冷的欧洲战略》、《液化天然气和天然气储备的欧洲战略》从可持续供应、能源效率、环境可持续性等三个方面反映了可持续发展原则，这与中国的能源可持续发展观念是一致的。《可持续能源安全方案》是欧盟实现有关国际气候承诺的一项举措，而中国作为发展中国家也将继续承担自身的国际气候责任。因此，在未来的能源合作中，可持续发展仍然是中国和欧盟双方共同坚持的最主要原则，并构成能源安全、能源变革等其他原则的基础。

二、能源安全原则

能源安全是能源法必须考虑的核心价值之一①。无论是欧盟还是中国，能源法律政策都是在能源安全价值观念下制定的。在全球化的背景下，国际合作是降低能源风险，缓解能源危机的途径。能源安全是能源生产国与消费国之间，也是能源生产国相互之间、消费国相互之间合作的产物。

中国和欧盟的能源安全观念在过去几十年间都发生了很大转变。早期的能源供应安全就是指获得充足的能源供应，防止供应短缺。20 世纪 50 年代的《建立欧洲原子能共同体条约》是欧共体成员国共同发展核能的法律基础，建立原子能共同体的重要目标就是要在一定时期内保障成员国能源满足能源需求，获得可靠的能源供应。20 世纪 70 年代以后，欧盟的能源市场形势发生变化，欧盟不断增加对外部能源的依赖程度，能源不能自给，而且严重依赖石

① 参见黄振中、赵秋雁、谭柏平：《中国能源法学》，法律出版社 2009 年版，第 69 页。

油、天然气等部门，能源供应的脆弱性逐步增加。这一时期，能源安全的概念包含了通过发展可再生能源、提高能源效率等新能源形式促进能源多样化的含义。2006 年《可持续、竞争和安全的欧洲能源战略》和 2009 年第三次能源改革方案将能源供应安全发展为覆盖核能、电力、可再生能源各方面，并且包括了能源供应链的各个环节的一个新的概念。节能与能源效率、核能安全、可再生能源开发、运输网络、新能源技术发展以及国际合作都成为实现能源供应安全所要关注的因素。

对于中国来说，能源安全观念也处于不断发展之中。长期以来供应安全作为我国能源政策的主要目标，当前我国能源法律政策的供应安全至少包括两层含义。一方面是能源供应多样化，增加新能源利用。我国对传统化石能源的依赖性强，增加交通、电力等各部门对新能源利用，将有助于改善我国能源结构，促进能源多元化，增强供应安全。另一方面，应开发本地新能源，减少对外依赖。中国当前对外部能源的依存度很高，同时国内具有发展可再生能源、提高能源效率的潜力，加大本地新能源的开发力度，增加能源的自给比例，将能减少对外部能源的依赖，也是保证供应安全的重要措施。

能源消费国之间的合作直接关系到国际能源市场能否良性运行、投资环境是否安全、定价体系是否健康，这些都是能源安全的基本要素。作为世界主要能源消费实体，中国和欧盟的能源合作也应坚持能源安全原则，这不但对于保障双方的能源安全，而且对于全球能源安全保障都具有重要意义。虽然自 2006 年和 2009 年的天然气危机以后，欧盟一直致力于保障天然气供应安全，但是 2014 年的压力测试表明欧盟对于应对天然气供应中断的能力仍然很弱。《可持续能源安全方案》是要建立更为可靠、具有竞争性和灵活的系统，减少能源需求，更好地管理外部资源的供应，保障能源跨境流动，加强欧洲能源市场的稳定性，使消费者获得利益。欧盟的新方案从能源安全的角度出发，对天然气储备、运输、市场，以及能源效率、能源应急计划等方面作出新的规定，这对欧盟内部和外部合作将产生有着重要影响。作为能源消费方，中国和欧盟的能源合作应继续遵守安全原则，在国际层面上推动制定消费国之间的紧急分享机制，保障供给、价格、运输和使用安全。

三、能源主权原则

国家对自然资源的永久主权是国家主权的不可分割的组成部分，是一国固有的、不可剥夺的权利①。能源作为一种重要的生产要素，它以自然资源作为载体。新能源，即使是来自可以再生的自然资源，如风力、潮汐、生物质等，它仍然具有一定时间、地理范围内数量上的有限性，仍然属于一国的自然资本，因此在新能源法律政策中确立自然资源主权原则，保证一国自由处置其新能源资源的权利具有十分重要的意义。

虽然欧盟是高度一体化的国际组织，但是在它的新能源法律政策中一直采取自然资源主权原则。一方面，在其作为缔约方的《能源宪章条约》中采取了自然资源的主权原则，其第 18 条规定“缔约方承认国家主权和对能源资源的至高无上的权利”②。另一方面，在《欧洲联盟运行条约》中，规定成员国可以自由选择其能源来源和供应结构，成员国政府对能源市场的干预被认为是国家主权范围内的问题，联盟为实现能源政策目标采取的措施不应影响某一成员国决定其能源开发条件、选择不同能源来源及其能源供应总体结构的权利③。虽然欧盟在可再生能源指令、能效指令中会规定各成员国要实现的具体的新能源目标，但是这并不妨碍成员国依据自然资源主权原则，充分享有开发、勘探、管理、利用自身能源资源的权利。

---

① 参见杨泽伟：《主权论——国际法上的主权问题及其发展趋势》，北京大学出版社 2006 年版，第 97~115 页。

② The Energy Charter Treaty, Dec. 17, 1997, 34 I. L. M. 360, available at http://www.encharter.org.

③ Treaty of Lisbon amending the Treaty on European Union and the Treaty establishing the European Community, signed at Lisbon, O J C 306, 17/12/2007.

四、能源变革原则

能源变革是指人类利用能源的各种变化，既包括对某一能源使用的技术、方式的改变，也包括整个能源体系的变化①。能源变革原则要求改变对现有能源体系的依赖性，将能源体系置于动态变化之中，根据对全球环境、气候、经济、社会形势的分析，积极对能源技术和能源体系作出变革。长期以来，人类利用能源的方式和能源体系的建设，都体现出一种被动发展的特征，多数变革来自于外部能源、环境危机的压力②，而能源变革原则则要求在能源活动中主动进行变革，以实现能源可持续发展和能源安全的目标。

加快推进全球能源转型、促进绿色低碳发展、应对气候变化，是全人类共同的使命，是落实联合国 2015 年后可持续发展议程的重要行动，也是推动世界各国经济社会可持续发展的紧迫任务。能源变革需要加强国际合作，而构建新的国际能源合作体系、合作方式也是能源变革的应有之义。作为世界主要能源消费实体，中国和欧盟都处于推动全球能源变革的核心地位，在各自的能源制度中也逐步把能源变革确立为一项法律原则，这对于今后双方的能源合作具有重要意义。

欧盟是全球能源变革的领导者，它大力发展可再生能源并在能效领域采取积极行动有效降低温室气体排放，近年来还大量关闭旧的核能及煤炭发电厂，对能源系统和市场进行能源多样化的改革，寻求培育获取多样化的天然气和石油供应，减少对单一能源供应者的依赖。与此同时，欧盟在加强内部能源市场，实现能源变革，促进能源安全和产业的竞争性的过程中也存在自身的问题，尤其是成员国采取各不相同的去碳化道路和能源政策，对能源领域的国际合作有着负面影响。欧盟需要在新的能源和气候变化政策框架下形成

① 参见吕江：《英国新能源法律与政策研究》，武汉大学出版社 2012 年版，第 26 页。

② 参见程荃：《论能源危机对欧盟能源应急法律政策发展的影响》，载《暨南学报》（哲学社会科学版）2015 年第 1 期，第 24~32 页。

更有效的能源市场规则和政策，支持未来的能源变革和低碳化发展。《可持续能源安全方案》反映了欧盟的这一需求，一方面通过欧盟层面上有拘束力的规则来建设内部能源市场，并加强对成员国与第三国能源协议的监管，保证成员国政策与欧盟政策的一致性；另一方面在建筑物供暖和制热方面制定新的规则，提高能源效率，从技术层面推进能源变革，保证一个清洁的能源未来。

作为能源变革的先行者，欧盟为其他国家提供技术支持和经验分享，支持能力建设，以降低能源转型成本。中国与欧盟技术层面的能源合作尤其需要遵守能源变革原则，这在中国—欧盟的能源对话和联合能源声明中都得到了反映。因此，在未来的能源合作中，欧盟新方案中的规则将有利于欧盟在联盟层面和成员国层面坚持能源变革原则，这对于积极进行能源技术改造、大力发展新能源产业的中国来说，无疑将有利于通过与欧盟及其成员国的合作，获得更新的能源技术，促进自身能源产业的发展。

五、透明度原则

透明度原则是指在能源活动中，要确保所有利益相关者（包括国家、地方当局和公众）能得到有效的信息和机会，利益相关者能够根据国内立法和国际义务的要求参与到决策过程中去①。透明度涉及能源的开发、利用、贸易、管理各方面，在国际能源合作中非常重要。

欧盟能源法将透明度规则作为一项重要原则。《欧洲联盟运行条约》“消费者保护”一编中，在第 169 条（原《欧洲共同体条约》第 153 条）第 1 款中规定“联盟应致力于保护消费者的健康、安全和经济利益，促进其知情权……”② 这一规定是透明度原则的体现。在欧盟能源次级立法中，透明度原则得到很好地贯彻。2011

① 参见程荃：《欧盟新能源法律与政策研究》，武汉大学出版社 2012 年版，第 34 页。

② Treaty of Lisbon amending the Treaty on European Union and the Treaty establishing the European Community, signed at Lisbon, O J C 306, 17/12/2007.

年“放射性废物和核废料安全指令”第10条规定，成员国要保证工人和公众能获得必要的核废料和放射性废物管理方面的信息。这包括保证具有法定资格的管理机构在其有权管辖的范围内告知公众信息。另外，成员国要保证公众能根据国内立法和国际义务，得到有效参与有关核废料和放射性废物管理的决策过程的机会①。2009年电力跨境交易网络准入条件条例、内部电力市场共同规则指令都根据透明度原则提出了新的要求：配电系统运营商负有尊重系统使用者、保证透明度，以及向使用者提供信息的责任；有关拆分和账户透明度的条款中，规定了电力企业必须对其所有供电、输送和配电行为采用独立的账户，成员国和竞争监管当局有权检查电力和天然气企业账户；有关电力输送网络规范的条款中，规定了电力和天然气ENTSO有义务发展数据交换、技术运营与交流以及透明度等方面的规则②。

在国际能源合作中，欧盟非常重视透明度原则。欧盟与能源消费国的对话，既包括工业化国家，也包括新兴经济体，都致力于促进能源效率和低碳能源，推动技术研究和创新，创造透明和可预测的全球能源市场。而中国目前的能源制度中对透明度原则的认识还不足，在能源国际合作中经常因透明度不够而受到诟病。《可持续能源安全方案》中对成员国与第三国能源协议审查，以及对天然气商业合同的审查，都体现了透明度原则。方案提议采取广泛措施增加欧洲内部能源生产包括可再生能源，进一步发展功能良好、全

① Council Directive 2011/70/Euratom of 19 July 2011 establishing a Community framework for the responsible and safe management of spent fuel and radioactive waste. O J L 199, 02/08/2011, p. 54.

② Regulation (EC) No. 714/2009 of the European Parliament and of the Council of 13 July 2009 on conditions for access to the network for cross-border exchanges in electricity and repealing Regulation (EC) No. 1228/2003, O J L 211, 14/08/2009, pp. 15-35. Directive 2009/72/EC of the European Parliament and of the Council of 13 July 2009 concerning common rules for the internal market in electricity and repealing Directive 2003/54/EC, O J L 211, 14/08/2009, pp. 55-93.

面一体化的内部能源市场，实现能源资源、供应者和供应路线多元化，建立更透明的欧洲能源市场。在2011年欧盟发布的题为《欧盟能源政策：与边界外合作者的联系》的能源安全与国际合作的通报中，对于与中国的合作，欧盟提出了需要加强透明度，包括在低碳和能源效率技术、投资以及利用可再生能源方面建立可持续、透明和非歧视的框架，这有助于促进获得能源，保证更大的能源安全，减少世界能源市场的强度①。因此，在未来的合作中坚持透明度原则将是不可回避的，而且中国在自己的能源制度建设中也需要加强透明度，更好地规范各类能源活动。

第二节　利用国际能源机构发展中国—欧盟能源应急合作

合作机制是合作的组织形式、规则和规范，不但能够极大地提升双边或多边合作中的互信度，有效地解决合作中的纠纷，而且对于合作的深化和拓展也具有巨大的推动作用②。法律机制是能源合作必不可少的关键因素。法律机制引导能源合作的方向，加强对能源合作者的约束。

当今世界没有一个全球性的国际能源合作组织，也没有统一的国际能源合作规则。各国在能源领域，根据自身需要建立了一些国际能源组织来开展多边能源合作活动。从能源消费国的角度来看，国际能源机构（International Energy Agency，IEA）是经济合作与发展组织（Organization for Economic Cooperation and Development，OECD）国家（主要是消费国）之间应对能源危机的最重要的能源

① Communication from the Commission to the European Parliament, the Council, the European Economic and Social Committee and the Committee of Regions, on Security of Energy and International Cooperation- "the EU Energy Policy: Engaging with Partners beyond Our Borders", COM (2011) 539, 07/09/2011.

② 参见刘世东：《中欧清洁能源合作研究》，外交学院硕士学位论文2012年，第10页。

应急合作机制。中国和欧盟都与国际能源机构有着密切联系，两者借助国际能源机构的有关机制下开展应急能源合作，是一种依托现有国际合作机制，具有较高可行性的合作方式。

一、国际能源机构能源应急合作机制的产生与发展

能源领域的多边合作是应对能源危机、维护能源安全的重要途径。国际能源机构是能源消费国之间重要的国际能源组织，它是经济合作与发展组织成员国为应对石油危机而建立的。《关于国际能源计划的协议》（*Agreement on An international Energy Program*, IEP）① 是国际能源机构成立的基本文件。

（一）国际能源机构能源应急合作机制的产生

为了共同应对1973—1974年石油危机，经济合作与发展组织国家希望通过一个新的国际条约来保证合理价格水平上石油的充足供应。1974年2月华盛顿能源会议将国际能源机构能源应急准备提上日程。1974年2月—10月，亨利·基辛格担任华盛顿能源会议主席，后续工作由位于布鲁塞尔的能源合作集团（the Energy Co-ordination Group）负责，达成了有法律拘束力的《关于国际能源计划的协议》。1974年11月15日通过了建立国际能源机构的决定，11月18日签署了《关于国际能源计划的协议》，随后建立了一个新的国际组织——国际能源机构，作为条约的实施机构。当时，24个经济合作与发展组织成员国中的16个国家签署了上述协议。这16个国家是：奥地利、比利时、加拿大、丹麦、德国、爱尔兰、意大利、日本、卢森堡、荷兰、西班牙、瑞典、瑞士、土耳其、英国和美国。国际能源机构现有29个成员国。中国为其联盟国。

《关于国际能源计划的协议》是国际法意义上的多边条约，为成员国创设了国际义务，对成员国具有法律拘束力。协议在成员国的具体执行，则由“每个成员国采取必要措施，包括各种必要的

① Agreement on the International Energy Program, 18 November 1974, available at http://www.iea.org.

立法措施来履行本协议和理事会的决定”。由此可见，《关于国际能源计划的协议》要求成员国在同意接受该协议约束前应制定相应的执行措施，承担履行《关于国际能源计划的协议》及理事会决定的义务。另外，这还表明该协议并不直接约束成员国国内的公司、其他实体或个人，它需要成员国在国内制定执行措施，才能对以上公司、其他实体或个人产生法律拘束力①。

（二）国际能源机构能源应急合作机制的发展

国际能源机构在成立时，为了保障能源供应安全提出了初期的三个主要目标：（1）减少国际能源机构成员国对石油进口的依赖性；（2）成员国保证相当于60天净进口量的最低应急储备（minimum level of emergency reserves）；（3）成员国达成一个在严重供应中断情况下分享石油供应的协议。此后，其目标随着国际能源形势的发展进行了相应的调整。然而，其最核心的目标一直都没有改变。那就是要通过国际能源合作来保证稳定和安全的能源供应。为了实现这一目标，国际能源机构自成立以来通过多种途径逐步发展其能源应急合作机制。

1. 吸纳新成员国和发展联盟国

正如前文所述，有美国、英国等16个国家于1974年11月18日签署了《关于国际能源计划的协议》，它们是国际能源机构最早的成员国，这16国也被称为签署国集团。国际能源机构之后的成员国只适用条约的加入程序而不适用于签署程序。关于加入《关于国际能源计划的协议》的问题，该协议第71条第1款规定：“此协议应对能够并愿意满足本纲领要求的经济合作与发展组织任何成员国开放加入。”

从1974年至2014年，国际能源机构逐步吸收了13个符合条件的国家加入其能源应急合作机制，使其成员国的总数达到29个，如表4.1所示。

① 参见杨泽伟：《中国能源安全法律保障研究》，中国政法大学出版社2009年版，第49页。

表 4.1　　　　　　**国际能源机构发展成员国情况**

序号	国　家	加入时间
1	挪威	1974 年
2	新西兰	1977 年
3	希腊	1977 年
4	澳大利亚	1979 年
5	葡萄牙	1981 年
6	芬兰	1992 年
7	法国	1992 年
8	匈牙利	1997 年
9	捷克	2001 年
10	韩国	2002 年
11	斯洛伐克	2007 年
12	波兰	2008 年
13	爱沙尼亚	2014 年

2. 调整应急储备义务

国际能源机构在最初创建其能源应急机制的时候，为成员国设定的应急储备义务是建立和维持应急石油储备能力不低于 60 天的石油净进口水平。此后，随着能源安全形势的发展变化，国际能源机构两次调整了成员国的应急储备义务。

1975 年 9 月，国际能源机构理事会决定，统一提高成员国的应急石油储备义务，即自 1976 年起成员国石油储备的最低水平由 60 天石油净进口量提高到 70 天石油净进口量。1976 年 11 月，国际能源机构成员国再次达成一致，同意 1980 年初将应急石油储备义务增加至 90 天净石油进口量。

从过去几十年的实际情况来看，国际能源机构各成员国均较好地履行了应急石油储备义务。今年来，国际能源机构成员国的平均应急石油储备大大超过 90 天的净石油进口量，甚至达到成员国平均拥有 151 天的石油应急储备量①。

3. 测试评价应急措施

国际能源机构主要通过实施分配系统测试（the Allocation Systems Test，AST）来评价其制定的各种应急反应措施，评估紧急状态下实施 IEP 石油分享计划所必需的技术设备、沟通和程序的有效性。1976 年 10 月，实施了第一次分配系统测试。1978 年 4 月，实施了第二次分配系统测试，第一次关联公司和成员国的 NESOs 纳入测试报告中。此后的测试中设想的供应中断范围逐步加大，并加入对数据交换、贸易程序等因素的评价。

国际能源机构的压力测试与国际能源形势紧密结合。例如，根据海湾危机期间石油供应的经验，1992 年 10—11 月进行第七压力测试，这也是芬兰、法国和东德首次参与国际能源机构测试。基于此次测试，国际能源机构进行了应急反应措施评价，并制定新版本的应急管理手册。

4. 加强与非成员国的合作

世界上所有国家都参与全球市场，无论是发达国家，还是新兴经济体，都同样面临挑战。国际能源机构成员国共占全球总消费的一半，它非常注重全球范围内的联系。国际能源机构与联盟国、申请国及其他国际组织合作，向所有利益相关者，包括从政策制定者到商业领袖，提供真正的世界能源系统的国际视野。

1980 年代起，国际能源机构将成员国以外的国家纳入其合作范围，特别是主要的能源消费国、生产国和运输国，其中包括申请国智利和墨西哥，还有中国、印度尼西亚和泰国这些联盟国，也有其他关键国家如巴西、印度、俄国和南非等。

国际能源机构与中国等国家的合作覆盖了广阔的活动领域：（1）对伙伴国家特定能源部门及其对大规模石油和天然气供应中断的预备开展深入联合调查行动。（2）帮助来自 20 个伙伴国家的专家和组织加入国际能源机构技术合作项目网络（the IEA Network

---

① 李昕：《国际能源机构应急石油管理制度对我国的启示》，载《西南石油大学学报》（社会科学版）2015 年第 6 期，第 10~18 页。

of Technology Collaboration Programes）和国际低碳技术平台（the International Low-carbon Technology Platform）。（3）举办培训和能力建设活动广泛传播各国在能源政策和能源统计方面好的实践经验。

国际能源机构也与其他能源领域的国际组织和论坛合作。它与能源生产国和 OPEC 沟通方面很活跃，特别是国际能源论坛（the International Energy Forum，IEF）。在统计方面，国际能源机构是联合数据组织倡议（the Joint Organization Data Initiative，JODI）的发起方。另外，国际能源机构也支持给 G20、G7 和清洁能源部长会议（the Clean Energy Ministerial，CEM）与能源相关的工作。

二、国际能源机构能源应急合作机制的内容

国际能源机构在历次应对石油危机中经受了考验，在应对能源供应中断方面积累了丰富经验①，已经形成了系统性的能源应急国际合作机制。

国际能源机构的能源应急合作机制分为长期能源应急机制和短期能源应急机制两个部分。长期机制是预防措施，包括石油应急储备、能源信息共享机制、长期能源合作计划；短期机制是用来应对短期能源危机的应急措施体系，包括应急石油需求限制措施、紧急石油分享机制、协调应急反应措施等。

（一）长期能源应急机制

1. 石油应急储备

成员国负有“紧急储备义务”（Emergency Reserve Commitment），即成员国必须根据协议储备能够满足 90 天需求的石油。各成员国都通过关于石油储备的国内法，来规定政府、公司、储备机构在建立石油储备中各种承担的义务，来确保自身储备达到国际能源机构的标准。国际能源机构的石油储备具有在中短期内应对中等程度石油供应中断的应急能力。

2. 能源信息共享机制

① 参见肖兴利：《国际能源机构能源安全法律制度研究》，中国政法大学出版社 2009 年版，第 9 页。

国际能源机构设有“国际石油市场情报系统”（Information System on the International Oil Market），成员国有义务定期向国际能源机构的秘书处报告各自管辖下的石油公司的情况，成员国的报告构成理事会就有关事项作出决定的基础。除了成员国报告信息外，国际能源机构还可以通过其“石油市场常设小组”与石油公司个别协商，以获得情况系统以外的其他信息。国际能源机构还实行石油市场情报和协商制度，以便使石油市场贸易稳定和对石油市场未来发展有较好的信心，加强与产油国和其他石油消费国的关系，考察非会员国的石油情况。

3. 长期能源合作计划

为了具有长期的能源应急能力，维护全球能源市场稳定，保障能源供应安全，国际能源机构采取长期能源合作计划（Long-Term Cooperation on Energy）。该机构定期对世界能源前景作出预测，供全世界参考。国际能源机构的长期计划反映了国际能源合作的可持续发展的目标。它所采取的一系列新技术研究、发展替代能源、可再生能源研发等措施，作为石油储备以外的补充性长期措施，在全球气候变化背景下被认为更具有实践重要性。国际能源机构建立了一些常设小组（Standing Group）和工作班子（Working Parties）来处理能源—环境相结合的不同方面的问题。该机构加强长期合作，以减少对进口石油的依赖；加强能源供应的安全；促进全球能源市场稳定；在能源保存上合作；加速代替能源的发展；建立能源技术的研究与发展；改革各国在能源供应方面立法上和行政上的障碍等措施。

但是，由于《关于国际能源计划的协议》中的可再生能源目标是激励性的而非命令性的，因此在地位上次于保障可靠的石油供应这一主要目标，没有包含任何要求生产、转换、发展可再生能源以应对能源和环境不稳定的有法律拘束力的义务。

（二）短期应急机制

1. 应急石油需求限制措施

应急石油需求限制措施（Contingent oil demand restrain measures）是国际能源机构应对石油危机，进行响应的主要短期机制。即当危机来临时，根据有关数据测算出石油供应短缺的比例，来限制成员国的石油消费量。如果石油供应短缺 7%，那么最终的石油消费总量与前一年相比，必须减少 7%。如果面临的短缺达到 12%以上，则最终石油消费量必须减少 10%。①

2. 紧急石油分享机制

紧急石油分享机制（Emergency Sharing System）是当成员国面临石油供应短缺时，其他成员国根据协议采取分享石油库存、限制石油消耗、向市场抛售库存等措施的机制。当一个或多个成员国面临 7%以上的石油供应短缺时，国际能源机构的理事会可以决定是否执行紧急石油分享机制。在海湾战争爆发期间，该机构于 1991 年 1—3 月首次实施了应急计划，6 月该机构部长们又批准了扩大与石油生产国的联系。

3. 协调应急反应措施

协调应急反应措施（CERM）是国际能源机构在能源危机发生前，或者还未达到严重供应短缺的情况下所采取的应急反应措施，是一种比较灵活的应急机制。其中，国际能源机构可以根据石油的总流失量和可能的总流失量，已经可能造成的经济损失，来决定联合使用石油储备，以迅速应对危机。这一措施在 1990—1991 年的海湾战争期间和 2000 年的计算机千年虫危机期间都使用过②。

三、国际能源机构机制下中国与欧盟合作的思考

中国从 20 世纪 90 年代开始参与国际能源机构的有关活动。1996 年 10 月，中国与国际能源机构签订了《关于在能源领域进行合作的政策性谅解备忘录》（The Memorandum of Policy Understanding in the Field of Energy）。国际能源机构邀请当时的中国国家计划委员会副主任叶青，以观察员身份参加于 1997 年 5 月 22 日—23 日在巴黎召开的

① See Herbert Miehsler, "International Energy Agency", in R. Bernhardt ed., Encyclopedia of Public International Law, Vol. II, Amsterdam 1995, p. 1140.

② 李江涛：《能源应急管理：国际实践与中国探索》，经济科学出版社 2011 年版，第 106 页。

该机构部长级理事会会议。在此基础上，中国通过国际能源机构开展人员交流、石油储备、能源开发、能源效率、环境保护等国际合作。

（一）中国参与国际能源机构合作现状

自1996年起，国际能源机构开始帮助中国转向更为可持续的能源经济，并进一步了解中国的能源系统，中国与国际能源机构的关系得到加强。双方的合作领域包括能源安全、能源数据、能源市场（煤炭、石油、天然气、可再生能源和能源效率），国际能源机构对中国开展的技术合作项目，包括清洁煤和CCS能源技术、产业、建筑物和交通等。

近年来，中国与国际能源机构的能源应急技术合作取得很大进展。2014年12月15日，国际能源机构聚变能协调委员会（FPCC）① 正式邀请中方以正式观察员（Regular Observer）的身份加入国际能源机构聚变能协调委员会，出席各层次的国际会议，参与国际聚变能研发的各项议题。2014年12月29日国际能源机构正式确认了中国的国际能源机构聚变能协调委员会观察员身份。

现在，国际能源机构与中国的能源信息交流已经常态化，大部分国际能源机构出版物都包含了中国的专章或部分。国际能源机构的《2017年世界能源展望》（World Energy Outlook 2017）对中国的能源展望和对全球市场的影响作出特别报道。近几年，国际能源机构与中国国家能源局、科技部和国家统计局进行频繁互访，并于2015年4月在成都举办了第三届国际能源机构非传统天然气论坛。双方非常重视能源应急培训项目合作。2015年1月，国际能源机构在中国举行了首次应急响应演习（Emergency Response Exercise）。

① 为了应对能源危机，国际能源机构成立了“能源研究与技术委员会”（CERT）。聚变能协调委员会（FPCC）是CERT下设的四个工作机构之一。FPCC成立于1975年，其宗旨是协调国际能源机构成员国和伙伴国的核聚变研究、核聚变技术开发和核聚变政策，在国际能源机构的框架内共同推进国际合作。

2015 年 11 月，中国与印尼和泰国一起成为首批国际能源机构联盟国。国际能源机构认为这是其加强全球范围内能源应急合作的重要里程碑。2016 年 3 月中国和国际能源机构宣布，计划共同建立国际能源机构—中国合作中心。

（二）国际能源机构与中国加强关系的三年工作计划

国际能源机构积极实施现代化和开门政策，推动下达成与中国的新的协议。2017 年，中国和国际能源机构通过了一个三年工作计划，加强双方在能源安全、能力建设、数据方面合作，同时支持中国能源变革（转型），努力应对环境和空气质量问题。国际能源机构和中国国家能源局将在广泛的能源关键问题上拓展合作领域，包括石油应急管理和预备，天然气基础设施，多种可再生能源并网，能源效率和技术创新。

该三年计划中的项目范围和合作强度都是前所未有的，国际能源机构和国家能源局将在能源政策分析和建议上合作，在中国开展能源专业培训，加强数据采集和帮助增进全球能源对话。

这项三年计划特别关注能源市场和政策、天然气、可再生能源、能源效率、能源系统模型化及能源数据统计，国际能源机构将加强对中国能源专业人员的培训，以及在国家和地方层面上提升政策制定者的能力。由于这个新的工作计划具有很好的合作基础，它被认为是国际能源机构加强和中国联系的重要标志，并将使双方都能在未来的合作中获得丰富的成果。

（三）欧盟能源应急储备机制与国际能源机构趋同

欧盟 28 个成员国中有 20 个同时也是国际能源机构的成员国，两者的能源应急机制在发展过程中呈现逐步趋同的态势。特别是 2009 年欧盟通过了一个新的石油储备指令（Council Directive 2009/119/EC）①，使得欧盟的能源应急制度与国际能源机构更加一致。

---

① Council Directive 2009/119 of 14 September 2009 imposing an obiligation on Member States to maintain minimum stocks of crude oil and/or petroleum products, OJL 265, 09/10/2009, pp. 9-23.

1. 有关应急储备的主要条款

欧盟在2009/119/EC指令中规定成员国必须维持石油储备总体水平，至少达到90天平均净进口量或61天总能源日均消费量，以两者中数量更高者为准。这与国际能源机构的对成员国石油应急储备的要求基本一致。

欧盟成员国有义务保证上述储备是实际可用的储备。而且，成员国应当采取措施识别、计算和控制这些储备，应进行应急储备信息（包括仓库地址、炼油或储存设施、数量、储备的拥有者及其性质等）登记，并持续更新。这些登记信息的摘要副本应每年向欧委会提交。这一做法与国际能源机构的信息共享机制类似。

作为一个具有超国家因素的国际组织，欧盟在能源领域的权能比较特殊，能够采取的应急措施也比国际能源机构要求其成员国采取的措施更多。为了维持石油储备，2009/119/EC指令规定每个成员国必须在欧盟内采取非营利实体或服务的形式建立一个中央储备机构（Central Stocking Holding Entity，CSE）。该中央储备机构必须维持石油储备（包括取得和管理这些储备）。根据指令设置的条件和限制，中央储备机构和成员国可以为其他成员国代为部分管理处于其领土上的储备。在指令设置的条件和限制下，成员国可以授权任何负有储备义务的经济运营者承担部分责任。

2. 与特殊储备和其他产品储备相关的主要条款

欧盟在2009/119/EC指令中要求每个成员国承诺维持特殊储备，即成员国必须将指令所规定的特殊储备，维持在按照一定天数消费量确定的最低水平。这些特殊储备必须由有关成员国或其建立的中央储备机构所拥有。成员国必须在欧盟官方文件（the Official Journal of the EU）上公布其关于持有特殊储备的决定。欧盟还在2009/119/EC指令中规定特殊储备必须由表4.2中的一种或数种产品构成。

欧盟成员国必须保证在基准年份，上述分类中所包括的产品的消费量的石油当量，应至少在总体上达到总消费的75%。在该指令要求的条件下，成员国如果不能承诺维持至少30天的特殊储备，就必须保证至少这些形式的产品达到承诺消费量的1/3。

表 4.2　　欧盟石油特殊储备产品种类

ethane 乙烷	LPG 液化石油气
motor gasoline 车用汽油	aviation gasoline 航空汽油
gasoline-type jet fuel (naphtha-type jet fuel or JP4) 石脑型或汽油型喷射燃料	kerosene-type jet fuel 煤油型喷射燃料
other kerosene 其他燃油	gas/diesel oil (distillate fuel oil) 天然气/柴油（蒸馏燃油）
fuel oil (high and low sulphur content) 燃油（高硫和低硫含量）	white spirit and SBP 石油溶剂油和工业溶剂油
lubricants 润滑剂	bitumen 沥青
paraffin waxes 石蜡	petroleum coke 石油焦油

3. 欧盟的应急储备要求略严于国际能源机构

欧盟 2009/119/EC 指令使其与国际能源机构应急储备系统的要求更为一致，虽然一个国家在达到两个系统有关规定的水平上确实还有所差异。

因为上述欧盟指令采取了与国际能源机构同样的方法，所以这些差异并非来自双方使用了不同的计算方法。例如，两个系统都对石脑油进行了同样的调整，都同样减少了 10%的不可用库存。而事实上，这些差异主要来自欧盟指令下对满足储备义务的库存的定义更为狭窄。

国际能源机构把那些纯粹为了商业或运营目的而存储的储备，计入一个国家的所有石油储备（net bilateral stockholding）。而在欧盟指令下，只有“应急储备”（即根据该指令第 5 条和第 12 条第 3 款规定，从可用的角度能满足特定需要的储备）才计算进满足最低义务的储备数量中。因此，欧盟的系统不把满足国家储备义务之外的其他产业参与者拥有的库存计算在内。从这个角度来看，欧盟对成员国应急储备的要求更为严格。

（四）中欧在国际能源机构现有机制下合作的可行性

作为世界两大能源消费实体，在没有正式双边合作的法律机制的情况下，利用国际能源多边机制进行合作是较为现实可行的合作途径。国际能源机构的大部分成员国都是欧盟成员国，欧盟在国际能源机构的能源应急合作机制中有着举足轻重的作用。而在全球能源转型的大背景下，国际能源机构也希望新兴经济体更多地参与国际合作。2015 年 11 月 18 日国际能源机构 2015 年部长级会议上，国际能源机构主任法提赫·比罗尔表示，国际能源机构的现代化进程需要三大支柱：第一是向新兴经济体敞开大门；第二拓宽能源安全的核心，一方面要考虑全球石油市场的持续发展，另一方面将液化天然气纳入全球能源贸易；第三是将国际能源机构转变为全球清洁能源技术和能源效率的中心①。中国现在已经具有联盟国地位，为中国和欧盟双方在国际能源机构机制下开展合作提供了更为可行的条件。

国际能源机构处于能源消费国开展国际能源应急合作的中心地位，其应对历次能源危机，积累了大量经验。中国作为国际能源机构的联盟国，可以积极参与对话机制，在信息通报方面建立共享机制。中国与欧盟都可以通过国际能源机构框架下的信息共享机制，及时了解能源形势，准确预测，做好能源应急准备。这相对于通过双边合作建立共享机制来说，依托国际能源机构更为简便易行，而且掌握信息更为全面。

近年来，中国在国际能源机构机制下在能源技术合作方面取得了突破性进展，中方已经成功加入了国际能源机构聚变能协调委员会管理的九项执行协议中的四项。作为国际能源机构聚变能协调委员会正式观察员，中国能从更高层级参与国际能源机构核聚变领域的活动，加强国内聚变界与欧盟国家合作，为共同推进国际能源的研发和应对世界能源危机做出贡献。

国际能源机构成员国依照《关于国际能源计划的协议》规定来制定相应的国内法，采取措施执行该协议及理事会的决定。这种情况下，成员国在能源应急方面的国内法在国际能源机构框架下实

---

①　参见《中国成为国际能源机构联盟国》，《人民日报》2015 年 11 月 19 日。

现了趋同。欧盟能源应急制度中关于能源应急储备、信息共享、压力测试等规定，实际上与国际能源机构的规定有很大程度的相似性。要消除与欧盟能源合作中法律政策差异带来的障碍。中国参考国际能源机构的规则标准，并吸收欧盟能源应急法律体系中的合理因素，可以从制定、修改相应的国内法入手，制定《石油储备法》以及《能源安全规则》、《能源发展战略规划》等，完善应急能源法律制度。

在上述领域中，中国与欧盟的合作可以通过国际能源机构现有的对话机制和合作平台来实现，如果在紧急石油分享计划、长期能源合作计划方面进行实质性合作，仍需要采取适当的法律方式来进行。

（五）中欧在国际能源机构机制下合作的法律方式探讨

国际能源机构是由发达国家组成的国际组织，中国目前不符合成为其成员国的条件①。而国际能源机构的成员国不包括中国、印度这样的发展中国家，也影响了国际能源机构发挥其作用。

在当前国际能源机构机制下，中国与欧盟之间尚不具备开展紧急石油分享计划、长期能源合作计划的法律条件。国际能源机构成员国中也有希望中国加入国际能源机构的呼声。但是，中国要加入国际能源机构，成为正式成员国，需要增加石油储备，加大对外发展援助等。一方面中国要达到这些加入条件需要较长时间和较强的经济能力；另一方面加入国际能源机构也意味着要全面接受该组织条约的约束，这涉及国家经济安全和能源主权问题，对于中国来说具有很大的挑战性。因此，在暂时不具备加入国际能源机构的条件下，中国可以考虑采取特殊协议的方式来进行合作。

欧盟成员国中的主要能源消费国都是国际能源机构的成员国，而欧盟在对外能源政策中用一个声音说话，要求欧盟成员国与第三

① 国际能源机构的成员国必须是经合组织成员国。中国并非经合组织成员国，经合组织对于成员国官方发展援助（ODA）有明确的规定：不低于 GDP 的 0.7%。中国目前还没有这个能力。另外，中国的紧急石油储备也达不到国际能源机构的要求。

国的能源协议必须符合欧盟法。因此，中国可以在国际能源机构的平台上与欧盟及其成员国集体协商、谈判，以国际能源机构提供的合作制度为蓝本，通过有法律拘束力的协议，建立国际能源机构中国—欧盟成员国能源应急协调机制，就中国在一定条件下与欧盟国家进行紧急石油分享计划、长期能源合作计划的实质性合作作出规定。这种特殊协议的方式既依托了国际能源机构的现有机制，又可以根据双方需要量体裁衣。相比于中国创造条件加入国际能源机构，依托国际能源机构的制度蓝本，通过特殊协议的方式实现中国与欧盟在国际能源机构机制下的合作显然更具有灵活性和可行性。

第三节　一带一路背景下16+1能源合作机制法律化探析

目前，虽然“16+1合作”是推动“一带一路”战略实施的重要机制，在中国与中东欧国家的能源合作中发挥着重要作用，但是它仍然属于一种非正式的对话机制，并不是国际法上的国际组织。“16+1合作”在能源合作方面面临着一些特殊问题，如果能够采取一定措施，将“16+1合作”法律化、国际组织化，将有利于推动中国与欧盟中东部国家能源应急合作的开展。

一、16+1中欧能源合作需要解决的法律问题

在中国与欧盟没有双边能源合作的法律机制的情况下，“一带一路”战略为中国与欧盟部分成员国的能源合作提供了新的平台，特别是“16+1合作”从实质上推动了中国与中东欧国家的能源合作。但是，当前中国与中东欧国家利用16+1机制进行能源项目合作的实践中存在着诸多法律问题。

（一）欧盟能源安全标准的限制

在“16+1合作”中，欧盟成员国除了依据各自法规，还要依据欧盟相关法规及作为成员国应遵守的政策，开展具体合作。如前文所述，为了保证能源安全，作为能源应急制度的一部分，欧盟在核能等领域制定了很高的安全标准。

中国参与的保加利亚“科兹洛杜伊”（Kozloduy）项目，是一项解决保加利亚及其周边国家电力供应问题的重要项目。“科兹洛杜伊”最初采用苏联的发电机组，无法达到欧盟核安全标准。2007年保加利亚申请加入欧盟前，按要求关闭了不符合欧盟安全标准的4台机组，余下的两台机组分别于2017年和2020年达到服役年限。保加利亚与欧盟的协议中规定，如果出现电力供应危机，则保加利亚有权重启“科兹洛杜伊”3号和4号机组①。中国国家电力投资集团由于自身关键设备技术有限，并在知识产权转让方面受到限制，因此对于该项目不具备实质参与的条件，只能采取投资的方式参与项目合作。

（二）欧盟对能源合作协议的审查

在国际能源合作中，欧盟成员国与第三国的双边协议必须完全符合欧盟法。2016年《可持续能源安全方案》加强了欧盟对成员国与第三国能源协议的审查。对于协议与欧盟法的兼容性问题，从事后审查转变为事前审查；对于协议的审查范围，从审查具有法律拘束力的能源协议，扩大到包括没有法律拘束力的共同声明和谅解备忘录。这当然也包括了中国与“一带一路”沿线欧盟成员国的能源合作协议。

对能源领域的投资是中国与“一带一路”沿线欧盟成员国合作的重点领域，这些投资协议也属于欧盟审查的范围。在这里不得不提及前车之鉴——中国中广核集团对英国欣克利角C核电项目的投资协议，就曾因政府提供贷款担保和电价保证，违反欧盟的国家援助条例（State Aid Rules）而遭到欧盟长达10个月的调查。基于同样原因，保加利亚在开放投资“科兹洛杜伊”项目投资时，就特别声明该项目基于市场规则建设，即政府不提供任何资金或国家担保②。因此，中国政府和企业在签订能源投资协议时，一方面

① 毛继军：《保加利亚：国电投核电输出的突破口》，载《能源》2016年第1期，第86~89页。

② 毛继军：《保加利亚：国电投核电输出的突破口》，载《能源》2016年第1期，第86~89页。

要确保协议内容要符合欧盟法律政策规定；另一方面必须充分考虑如果欧盟委员会发起调查，将产生的时间和经济成本。

（三）区域内外合作机制协调的复杂性

中国与欧盟及其成员国的能源合作，有着双边、多边、区域和次区域的多种合作机制，虽然大部分机制不具有法律拘束力，但是“一带一路”战略仍然增加了合作机制的复杂性。

从国内的层面来看，“一带一路”战略下的能源合作涉及能源局、发改委、外交部、财政部、商务部等各部委，还包括地方政府和参与合作项目的企业。目前，国内尚未建立专门的协调机制和独立的执行机构，这不利于协调国内各方面的行动。

从国际层面来看，二十国集团（G20）、能源宪章（EC）等成员国都与“一带一路”沿线欧盟国家有一定重合度。在没有协调机制的情况下，中国与上述组织中的欧盟国家开展能源合作，需要力求良性互动，不与有关各方发生利益冲突。另外，中国与欧盟之间也有中欧能源合作大会、中欧高层能源会议、中欧能源安全工作组等一系列双边机制，它们与“16+1 合作”机制的关系如何协调，也是一个需要重视的问题。

二、促进 16+1 能源合作机制法律化的途径

促进“16+1”能源合作机制的法律化，可以从两个方面来推进。一方面，从整体上推动“16+1 合作”发展成为国际法意义上的国际组织；另一方面，通过有拘束力的能源合作协议，将“16+1 合作”打造成为能源应急合作平台。

（一）推动 16+1 合作的国际组织化

国际组织具有高度的国际合作功能①。现代社会，随着经济、社会、科技等方面的飞速发展，国家之间彼此协调、相互依存的关系逐步加强。近几十年来，国家通过国际组织开展合作，也日益成为广泛、有效的合作方式。

① 梁西著，杨泽伟修订：《梁著国际组织法》，武汉大学出版社 2011 年版，第 7 页。

“16+1合作”虽然以《中欧合作2020战略规划》、《中国—中东欧国家合作中期规划》等文件为指导，但是这些文件并不是国际组织宪章，其内容主要是政治宣言性质的，对于参与“16+1合作”的17个国家并没有法律上的约束力。另外，“16+1”合作在组织机构设置上也不具备国际组织通常所具有的重要特征，即它并没有一个常设机构。要促进“16+1合作”国际组织化，需要通过正式协议明确合作各方的权利义务，并逐步完善组织机构、职权、活动程序等。

首先，17国可以在现有合作文件的基础上，制定有法律拘束力的“16+1合作”基本文件，明确“16+1合作”的宗旨和原则，并对其中各方的权利、义务关系作出相应规定，让“16+1合作”从纯粹的政治合作走向法律化的合作，确立“16+1合作”在国际法上的法律地位。

其次，虽然“16+1合作”是区域化的、较小型的国际合作形式，但是随着“一带一路”战略的推进，其所承担的合作功能将不断增加。在这种情况下，为了促进“16+1合作”的国际组织化，可以先行设立一个常设机构，作为协调各国关系的中心，同时也可以协调“16+1合作”机制与其他国际合作机制的关系，推进有关国际合作的开展。

虽然从一个对话性质的机制往国际组织的方向发展，会是一个较为漫长的过程，但是在这一发展过程中，所采取的国际组织化措施必将积极推进各参与国（未来可能发展为成员国）合作关系的发展，使“16+1合作”成为实施“一带一路”战略的一支重要力量，也会为中国与欧盟能源合作的发展开辟一条独特的渠道。

（二）通过“16+1”能源合作协议打造能源应急合作平台

国际能源机构是能源消费国为应对石油危机而建立的国际组织，它在过去几十年中成功应对能源危机的实践表明，这种能源应急合作方式是行之有效的。而国际能源机构发端于有法律拘束力的《关于国际能源计划的协议》。当前，中国与中东欧国家的“16+1合作”的主要文件中还没有关于能源议题的国际法律文件。如果在“一带一路”宏大的战略背景下发展中国与欧盟中东部国家的能源应急合作，必然需要有法律拘束力的能源合作协议来将“16+1 合作”打造成为一个能源应急合作平台。

从目前“16+1 合作”的主要文件《中国—中东欧国家合作中期规划》、《中国—中东欧国家合作里加纲要》以及中国与有关国家的谅解备忘录来看，对于能源应急合作，首先可以在油气管网等基础建设领域达成有法律拘束力的合作协议。这方面的合作是共同应对区域能源安全问题的重要举措，同时也是实现中欧互联互通目标的一项重要内容。从长期能源应急合作方面来看，上述规划性文件中的可再生能源合作、能源效率合作，都需要逐步以有法律拘束力的协议来加以规范。

由于欧盟中东部国家的特殊性，其能源行为受到国内法和欧盟能源法的双重规范，因此在能源合作的过程中，需要加强与欧盟能源制度的协调。为了妥善解决这方面的问题，可以在“16+1 合作”机制中考虑设立一个专门的能源委员会，提高能源合作的专业性，保证有关能源协议符合合作各方国内法以及欧盟相关制度，并起到与区域内外能源其他能源机制合作的协调作用。

第四节 《能源宪章条约》争端解决机制下的中欧合作

《能源宪章条约》是具有法律拘束力的多边条约，它的主要作用是促进缔约方在能源领域的国际投资、规范能源贸易、过境运输等行为，其争端解决机制对于解决因国际纠纷引起的能源紧急情况具有重要作用。由于在上述多边能源合作机制中的法律地位不同，中国与欧盟在其框架下进行能源应急合作存在一定障碍，但是仍有很大的合作发展空间。

一、《能源宪章条约》概况

《能源宪章条约》于 1998 年生效，为促进能源领域的合作建立了一个法律框架，力图为国际能源合作提供一个非歧视性的法律基础。其内容包括投资保护、能源贸易、能源流动自由、提高能效以及能源争端的解决机制。到目前为止，欧亚大陆有 52 个成员方签署了该条约及其议定书（51 个国家和欧盟），其中 47 个成员批准了该条约。5 个国家（澳大利亚、白俄罗斯、冰岛、挪威和俄罗斯）签署但是没有批准能源宪章条约。俄罗斯和白俄罗斯临时适用该条约。ECT 的成员地理位置广泛，已经发展为全世界参加国家最多的国际能源多边条约。① 中国是能源宪章会议的观察员国。

《能源宪章条约》关注能源贸易和投资，保护外国投资，帮助确保在不同社会、文化、经济和法律背景国家跨境投资的稳定性。对于降低环境风险、应对能源危机，《能源宪章条约》明确提出"为了可持续发展，考虑到缔约方参加的有关国际条约的义务，缔约方应采取经济可行的方法，将其领域内所有能源循环对环境的有害影响，无论是其区域内还是区域外，降至最低，要适当考虑安全"。它还要求缔约方在能源政策的形成和实施过程中考虑环境因素，考虑提高能源效率，促进研究、开发、运用节能和环境友好型技术，以及提高国际认识，促进缔约方交换相关环境信息，等等。《能源宪章条约》还确立了"污染者付费"（polluter payer）原则，这是环境成本效益的反映②。1998 年《能源宪章条约》的缔约方又签署了《能源效率及相关问题的议定书》（*Protocol on Energy Efficiency and Related Environmental Aspects*），为发展能源效率合作提供了平台。该议定书将"促成与可持续发展一致的能源效率政策；创设框架条件，引导生产者和消费者尽可能经济、高效、环保地适用能源，尤其是通过组建有效的能源市场、更加完整地反映环境成本效益；鼓励能源效率领域合作"作为其目标③。

---

① 参见白中红：《〈能源宪章条约〉的争端解决机制研究》，武汉大学出版社 2012 年版，第 19 页。

② Energy Charter Treaty, available at http://www.encharter.org.

③ Protocol on Energy Efficiency and Related Environmental Aspects, available at http://www.encharter.org./fileadmin/user_upload/document/EN.pdf#page=141.

二、争端解决机制对能源应急合作的作用

争端解决机制处于《能源宪章条约》法律体系的核心地位，是保障缔约方遵守《能源宪章条约》、享有宪章权利、履行宪章义务的基本工具①。与国际能源机构的能源储备、能源紧急分享制度不同，《能源宪章条约》争端解决机制是另一类维护能源安全、解决因国际纠纷引起的能源紧急情况的法律措施，这也使得该条约不同于一般政治性的条约或宣言。

《能源宪章条约》争端解决机制适用于国家之间的能源争端。当缔约方之间的争端通过外交途径无法解决时，可以将争端提交给特设的仲裁机构进行裁决。该裁决是终局性的，对争端涉及的缔约方具有法律拘束力。

能源过境争端、能源贸易争端、能源环境争端都是产生能源紧急状态的重要原因，《能源宪章条约》为缔约方解决这些类型争端创造了一个规则体系，并针对不同类型的争端建立了相应的解决机制。这为缔约方提供了解决争端、缓解能源紧急状态、促进能源合作、维护能源安全的法律途径。

三、中国与欧盟利用宪章争端解决机制的思考

《能源宪章条约》的缔约方大部分是能源进口国，整体上对能源进口依赖性都很强，在维护能源安全方面有着共同需求，因此该宪章也被认为主要是保护能源进口国利益的。欧盟是《能源宪章条约》的缔约方，其他缔约方中大部分是欧盟成员国。中国与欧盟在《能源宪章条约》机制下进行能源合作，尤其是采用其争端解决机制，应对能源紧急事态具有现实意义。中国目前是能源宪章会议的观察员国，可以参与宪章会议讨论、获取有关文件资料等，对于是否加入该条约，仍处于评估中。

如果中国加入《能源宪章条约》，则可以在宪章机制下与欧盟

① 参见白中红：《〈能源宪章条约〉的争端解决机制研究》，武汉大学出版社2012年版，第63页。

及其成员国按照宪章规则进行合作。在能源投资领域，使中国的海外投资得到有效的法律保护，减少海外能源投资风险；能够改善中国长期处于主要国际能源合作机制之外的状况，增加中国在国际能源市场的话语权；在能源争端方面，可以通过外交途径解决，也可以将能源争端提交仲裁，增加了争端处理途径，有助于缓解由争端引起的能源紧急事态。

但是，在中国是否加入《能源宪章条约》的问题上，需要全面衡量和考虑，因为加入宪章也有不利的方面。例如国外能源企业利用资本、技术优势进入中国市场，冲击中国能源企业，对中国市场形成控制等。就目前中国的能源状况来看，积极进行加入《能源宪章条约》谈判，在签署条约时对有关条款进行保留，并可以在签署条约的情况下不批准生效，采取临时适用的方式来检验条约对中国的影响。

第五节　中国与欧盟双边能源应急合作法律机制构想

中国与欧盟通过国际多边机制进行能源应急合作，可以利用国际机制现有的制度和平台，是一种相对容易达成的合作方式。但是，这种合作方式受制于国际能源多边合作法律机制本身的规则，而且中国在一些多边机制中的法律地位问题也不是短期内能解决的问题，这使多边机制下的合作的深度和广度受到很大限制。因此，构建中国—欧盟双边能源应急合作法律机制，是更为全面的合作方式。当然，由于前面所论及的中国与欧盟的能源应急合作在法律和政策上存在着诸多障碍，构建双边合作机制仍有待于双方共同探讨、研究。

一、中欧双边能源应急合作切入点的选择

中国在当前的国际形势下，更加重视承担国际气候责任，在发展可再生能源、清洁能源技术方面取得很大进展，并大力提高能源效率。而欧盟在能源应急合作上注重分析各国的特点，从而选取不

同的合作角度。有的国家成为能源共同体成员，承诺实施欧盟能源立法，有的国家则采取双边协议或项目合作的方式。同时，欧盟也主张利用单一措施支持合作国发展国内能源效率和可再生能源，寻求最合适的合作切入点，包括基础设施和建设方面的投资。

从2017年中国与欧盟签订的《落实〈中欧能源合作路线图〉2017—2018年度工作计划》来看，双方合作的重点在能源政策和能效标准制定、低碳能源技术、可再生能源、能源监管以及能源联网领域。中国与欧盟如果选取上述领域作为能源应急合作的切入点，很有可能在签订有法律拘束力的双边协议方面有所突破。选取这些领域率先推进中国与欧盟双边能源应急合作的方式主要是基于以下几方面的考虑。

（一）低政治敏感度

与天然气、石油等传统化石能源相比，能源效率和可再生能源都是低敏感的、少政治化的议题。欧盟与中国目前已经以共同开展可再生能源项目和能效项目的方式进行合作，在此基础上从可再生能源技术和能效等长期应急合作方面入手，完全具有就其中一方面进一步签订全面合作双边协议的可能性。双方可以从能源效率和可再生能源技术创新与转移协议为起点，开展能源应急合作，发展能源应急长期措施。

（二）应对能源形势

欧盟和中国都严重依赖能源进口。可再生能源对保证安全、独立、多样化、低排放的欧洲能源供应做出突出贡献。如果欧盟对能源进口依赖持续增加，会加剧对欧盟能源供应多样化的需要，需要促进对可再生能源的可持续使用来保证供应安全，减少欧盟外部能源依赖性，刺激经济增长。中国同样需要通过能源供应多样化加强能源安全，应对全球能源和环境挑战，促进国内资源的有效开发，发展可持续的能源资源。

（三）具有共同目标

对于欧盟和中国来说，在能源应急方面都需要确保能够获得可持续、安全、负担得起的能源。发展能源效率和可再生能源则是实现这一目标不可或缺的措施。面临极端的环境脆弱性，需要能源转变，就需要在这些领域加强合作。

（四）法律政策模式的可复制性

欧盟在能源效率与可再生能源方面的目标和规则为其他国家提供了国家法律与政策框架。目前已有多国政策来源于欧盟可再生能源法律政策体系。以波罗的海国家为例，它们需在国家层面上应对的主要问题是二氧化碳排放、基础设施不足和复杂的能源结构。这需要长期发展战略，建立一个稳定的发展可再生能源的政策框架，他们也需要加强生产能力，增加可再生能源、促进能源效率的投资。波罗的海国家能源法律政策的主要方向来自于欧盟政策，特别是欧盟 2020 目标，欧盟的地区措施（例如 BEMIP）也应起着示范作用。

由此可见，欧盟可再生能源法律政策方面可被复制。虽然这需要根据中国形势加以量身定做，但其法律框架及一些具体措施都是值得借鉴的。法律趋同将为双方合作奠定更好的基础。

二、中国与欧盟双边能源应急合作机制的构想

由于欧盟本身所具有的在能源领域的特殊权能，以及欧盟近期更加强调在能源政策的外部维度用同一个声音说话，逐步加强联盟层面上的对外能源合作，并对成员国和第三国能源合作协议进行更为严格的审查。这些都表明欧盟将会在国际能源合作中采取更为主动的姿态，这对于提高中国与欧盟能源应急双边合作水平，将双方合作法律化来说，是一个极为有利的因素。

（一）以双边能源应急合作协议为基础

中国与欧盟现在已经有了能源合作的良好实践，并且在前期已经签订了《中国—欧盟能源交通战略对话备忘录》、《中欧能源安全联合声明》、《关于促进电力市场相关合作的声明》、《中欧合作 2020 战略规划》等政治性文件，这些都为进行签订法律拘束力的协议奠定了基础。双边能源应急合作协议应以双方在能源合作实践中探索与遵守的可持续发展、能源主权、能源变革、透明度原则为指导，以共同应对能源紧急状态、维护能源安全为目标，采取平等互利、相互协商的平等模式进行谈判，兼顾经济利益、政治利益和

外交利益。

由于欧盟是特殊的国际组织，在协议谈判草拟的过程中，应借鉴签订国际多边能源协议的法律经验，除欧盟机构和中国政府机构外，可以让欧盟成员国、地区性合作机构、双方的能源企业、能源专家参与进来，使双边能源协议更符合实际需求。这里还需要提及欧盟本身的能源立法前研究论证程序，这一程序值得我国在制定国内法律和政策以及签订国际协议时加以借鉴。欧盟非常重视立法前的研究论证，前期调研结果会以《绿皮书》或《白皮书》的形式公开发表，充分征询公众和各成员国的意见，根据成员国或其他机构、公众的意见而修改内容，最终被欧盟的指令和决定等具有法律拘束力的文件所采用。包括参加联合国气候变化大会等国际会议前，欧盟也会发表《绿皮书》分析问题的背景和原因，向公众征询意见，以确定欧盟在谈判中的立场和政策。成员国的合意是欧盟能源法律获得合法性与有效性的前提，而且其实施也离不开成员国的合作。在立法过程中，欧盟与成员国之间、成员国之间、成员国中央政府与地方政府之间以及不同利益集团不断博弈，不同层次的机构在不同阶段表达自己的利益需求，保证了各方参与，在执行过程中也相对容易得到各层次机构和不同利益集团的配合。如果中国与欧盟能够充分做好能源应急协议的调研准备工作，这将有利于双方达成协议，并在将来执行协议的过程中更容易得到各方面的支持。

由于能源应急合作既涉及国家能源安全战略，又涉及应对能源紧急状态、能源信息交流机制、能源技术合作等具体事项，从目前中国与欧盟现有的能源合作基础来看，一次性签订全面的合作协议有一定难度，而分步骤逐步签订合作协议更为可行。欧盟有发展单一措施支持合作国发展特定能源领域的经验。中国在与欧盟的合作中，可以考虑采用类似的单一措施，在合作障碍较小的可再生能源、能源效率、基础设施和建设等能源应急长期措施领域，寻求最合适的切入点，发展兼容的法律政策工具，开展合作。即在一些低敏感度的长期能源应急合作领域，先行签订有拘束力的合作协议，再根据合作协议的实施效果，进而考虑参照国际环境协议中普遍采取的“框架条约+议定书”的方式，双方从战略高度签订框架协议，对能源应急合作的主要目标、原则、内容、形式等作出总体规定，然后再根据框架协议的要点逐步签订具体事项的执行协议，最终发展成全面合作的双边协议体系。

（二）设立能源合作常设机构

在中国—欧盟能源应急合作机制构建中，进入缔结框架条约阶段，可以设立能源合作常设机构。这一常设机构应由中国政府、欧盟机构、欧盟成员国政府派出的人员和各方的能源专家组成。该机构负责框架协议谈判、起草、签订和实施，组织人员谈判、起草能源应急的执行协议，对协议项下双方的能源应急活动调查、评估，监督根据协议设立的各合作机制的运行情况，以及负责联络和处理日常行政事项。

（三）建立具体合作机制

在框架协议基础上，中国与欧盟在双边合作中需要建立几个主要的能源应急合作机制。

1. 能源紧急事态响应机制

能源紧急事态响应机制并不是临时性的，它是一种常态性的机制。中国与欧盟的双边能源应急合作中，能源紧急事态响应机制应是其主要机制之一，它包括能源储备计划、应急能源分享计划和能源紧急事态预案等。中国与欧盟应授予该机制相应的资源调动能力和采取一定级别应急措施的权限，这需要在有关协议中明确加以规定。当能源紧急事态发生或有发生的潜在风险时，该机制应能对事态的性质、等级进行分析，提出与能源紧急事态相匹配的应对方案，并能迅速实施应急方案，保证中国与欧盟能够及时、恰当的采取联合行动，应对风险，缓解危机。

2. 能源信息共享机制

对于能源应急合作来说，能源信息共享机制既是能源数据交换的长期应急合作措施，也是能源紧急事态发生时的即时信息交流机制，这在能源应急体制中居于重要地位。中国与欧盟在能源应急合作中需要建立能源信息共享机制，确定信息交流的范围、方式，设定能源信息标准，按照规范进行分级、分类信息处理，确定信息公开的责任制度。这种信息共享机制不同于国际能源机构的信息机制，中国与欧盟可以根据自身的需要，对能源信息的调查、收集、分析、整理作出规定，这有利于双方制定能源应急预案、应急计划，以及在紧急事态发生时的应急处理提供更为准确、实用的信息，保证应急机制在最可靠的信息的基础上运作。

3. 能源—环境合作机制

由于能源与环境关系密切，能源利用会引发环境危机，环境危机又反过来引起能源危机，欧盟的能源法律政策自始至终都与环境政策交织在一起，中国在能源合作中也很重视环境议题，因此在能源应急双边合作机制中应考虑建立能源环保合作机制，作为能源应急合作的长期措施。而在双边开展能源应急合作前期缔结的能源效率和可再生能源协议也为建立能源—环境机制奠定了基础。双方通过该机制来制定和实施共同的能源技术环境标准，减少能源利用中引发的环境问题。同时，设立能源—环境项目和资助机制，发展环境友好的长期能源应急技术，以应对环境危机引发的能源紧急事态。

4. 能源合作协调机制

中国与欧盟双方都参与了各种国际能源合作机制，其中有国际组织和有法律拘束力的国际协议，也有一些国际论坛和宣言性文件。在建立双边合作机制时，必须要将遵守各自所负的国际义务。在中国与欧盟双边合作中，需要设立一个负责能源合作协调的机构，将国际法规则与欧盟法、中国国内法综合进行考虑，协调中欧双方已参加的各种国际合作机制之间的关系，避免相互之间发生冲突。

第五章　中国能源应急法律政策的发展与完善[①]

法律是社会经济关系的反映。能源之所以能够成为关系着经济发展和国家安全的重大战略问题，其根本原因在于能源所代表的政治利益和经济利益。能源利益与能源法律之间紧密连接、相互作用。[②] 现代社会，各类能源危机和能源问题不断产生，促使各国采取法律的方式来保障和实现能源利益。在此背景下，各国的能源应急法律制度都在逐步发展和完善中。

作为快速崛起的发展中能源消费大国，中国可以借鉴欧盟能源应急法律政策的制度框架，更加重视与能源消费国的合作，努力保障国际能源市场的正常运转，促进全球节能减排、发展新能源，提高能源应急能力，从而保障能源安全。

第一节　我国能源应急法律制度的发展与主要问题

中华人民共和国成立初期，我国对于能源行为的规范主要通过政策文件和指令来进行，没有真正意义上的能源法，更没有关于能源应急的法律制度。

一、我国能源应急法律制度的发展历程

改革开放以来，中国的能源法律制度处于逐步发展、完善的过

---

① 暨南大学2012级法律硕士吴菲对本章写作作出重要贡献。

② 参见黄振中、赵秋雁、谭柏平，《中国能源法学》，法律出版社2009年版，第15页。

程中。其中能源应急法律制度的发展，大致可以分为三个阶段。

（一）能源应急制度的起步阶段

从20世纪80年代到90年代初期是我国能源法律制度发展的起步阶段。在80年代初期和中期，关于能源应急的法律政策主要集中在能源资源开发、节约能源、能源基础设施建设资金筹集和缓解供需矛盾引起的紧急状态方面。国务院1982年颁布《对外合作开采海洋石油资源条例》，1983年颁布（2001年修订）《海洋石油勘探开发环境保护管理条例》、1983年颁布（2001、2007年修订）《对外合作开采陆上石油资源条例》以及《节约能源管理暂行条例》；1985年国务院发布了《国家能源交通重点基金征集办法》和《关于集资办电和实行多种电价的暂行规定》。

20世纪80年代中期以后随着社会主义市场经济体制的逐步确立，能源应急立法开始活跃起来。1987年颁布（1998年修订）的《电力设施保护条例》和1986年《民用核设施安全监督管理条例》、1987年《核材料管理条例》、1991年《水库大坝安全管理条例》、1993年《核电厂核事故应急管理条例》、1994年《乡镇煤矿管理条例》、《煤炭生产许可证管理办法》等是这一时期关于能源应急方面制定的主要法律政策。另外，1986年颁布（1996年修订）的《矿产资源法》、1987年颁布（1998年修订）的《矿产资源开采登记管理办法》、1989年《铺设海底电缆管道管理规定》、1993年《电网调度管理条例》等都有与能源应急相关的条款。

20世纪80至90年代是改革开放初期，我国从计划经济向市场经济转型。能源法律制度在这一时期也随之产生和发展。我国出台了不少有关能源应急的法律政策，但是这一时期的制度带有计划经济体制的明显特征，不能很好地适应规范能源市场、促进能源竞争以及进行能源应急管理的需求。

（二）能源应急立法层次的快速提升阶段

20世纪90年代中后期是我国能源应急立法层次的快速提升阶段。1995年《电力法》、1996年《煤炭法》、1997年《节约能源法》等单行法相继出台，大大提高了我国能源法的立法层次。同时，我国颁布了能源应急方面的一系列行政法规。例如，1996年

《电力供应与使用条例》、1997 年《核出口管制条例》、1998 年《核两用品及相关技术出口管制条例》，等等。

除此之外，其他与能源资源利用相关的法律政策也在逐步发展之中。这包括 1998 年颁布的《固体废物污染环境防治法》，1998 年颁布的《矿产资源勘探勘查区块登记办法》、《探矿权采矿权转让管理办法》和《矿产资源开采登记管理办法》等。

这一时期我国能源法的立法层次得到提升，相关法律政策的内容不仅包括应对电力、核能方面紧急状态的短期应急措施，还涉及节约能源和预防环境危机等长期能源应急法律政策。这表明我国能源应急制度已经转向更为全面和体系化的发展方向，为下一阶段的发展奠定了基础。

（三）能源应急制度的全面发展阶段

进入 21 世纪，我国的能源应急法律制度进入全面发展阶段。这一阶段，中国经济快速增长，环境资源压力增大，能源安全问题的凸显。这种形势也对能源法律政策的发展提出了非常迫切的要求。在这一阶段，与能源应急相关的法律迅速出台。例如，2002 年颁布的《安全生产法》、2005 年颁布的《可再生能源法》（2009 年修订）、2007 年修订的《节约能源法》等。同时出台的能源应急方面的法规有 2001 年《石油天然气管道保护条例》、2005 年《电力监管条例》。其他配套政策法规包括 2001 年《节约用电管理办法》、2004 年《能源效率标识管理办法》、2008 年《民用建筑节能条例》等。

这一时期，最为重要的立法措施是 2005 年国务院作出制定《能源法》的决定。《能源法》（征求意见稿）专门在第八章对“能源应急”方面作出规定，包括第六十九条应急范围与阶段、第七十条应急预案、第七十一条应急事件分级、第七十二条应急事件认定、第七十三条应急处置原则、第七十四条应急措施授权条件和约束、第七十五条应急保障重点、第七十六条应急相关主体责任和义务和第七十七条应急善后。由此可见，能源应急已经成为能源立法进行规范的主要内容。《能源法》一旦通过并颁布实施，该章将成为我国能源应急法律制度最根本的规范，对将来整个能源应急制度体系的全面发展起到基础性作用。

二、我国能源应急法律政策存在的主要问题

虽然进入 21 世纪以来，我国的能源应急法律政策获得了较快发展，但是还远未形成体系。尤其在能源应急的几个关键领域，都存在着严重不足，主要包括能源储备、跨国能源通道安全、能源突发事件应对和发展新能源等方面。

（一）没有专门的能源储备法律

能源储备法律，指规定能源战略储备法律关系以及政府法律规制的内容的法律①。从当前各国的立法经验来看，石油储备是能源储备法律中最重要的内容。石油储备制度是政府依法储备一定数量的石油资源和成品油，非经特许不得开发和使用的制度。② 石油储备制度的目的是保证石油的安全供给和应对突发事件。无论是欧盟的能源应急法律还是美国、德国等国家的能源法中，都对石油储备进行了专门立法，加以规范。

我国没有专门的《能源储备法》，对能源储备的规定基本上散见于各种具体能源单行法及政策中。2011 年国家发改委和财政部发布的《国家煤炭应急储备管理暂行办法》是规范煤炭应急管理，提高应急状态下煤炭应急能力的主要政策。《可再生能源中长期发展规划》对能源储备规划方面有所涉及，但是缺乏具体措施。另外，我国也没有单行的《石油法》来调整石油勘探、开采、运输、储备、销售中所产生的社会关系；更没有专门的《石油储备法》来规定如何建立石油储备，保障石油供应安全。

（二）跨国能源通道安全保障措施不足

能源通道安全保障是能源应急的重要内容。在中国当前的政治经济状况下，国内能源管道运输不易受到大规模的安全威胁。跨国

---

① 参见宋丽娟：《中国能源储备法律制度研究》，郑州大学 2007 年硕士学位论文，第 6~7 页。

② 参见黄振中、赵秋雁、谭柏平：《中国能源法学》，法律出版社 2009 年版，第 196 页。

能源通道安全问题相对来说更为紧迫。

从国际上通行的做法来看，跨国能源通道的管辖主要有管道设施所处国属地管辖和有关国家协定管辖两种模式。① 目前，国际上还没有关于跨国能源管道运输的统一的国际法规则。我国国内法也没有关于跨国能源管道运输的法律制度。对于跨国管道运输争议的解决，《能源宪章条约》处于国际法律制度的核心地位。前文就中国加入《能源宪章条约》的问题进行过探讨，此处不再赘述。

当前我国已建有多条跨国能源管道，并且通过主要的海上能源通道进行能源运输。海上能源运输通道的安全，是国际社会普遍关注的问题。在主权国家管辖的领域，海上能源通道安全需要国家的立法来加以保障。如本国海域的反恐问题、关于海盗或恐怖分子的管辖与引渡问题以及本国政府公务船舶和海军舰队在公海打击海盗和恐怖活动的合法性问题等。我国国内法在这方面缺少制度规范。在国际条约方面，为了保障我国能源运输最重要的通道——马六甲海峡通道的安全运输，我国与东盟国家签署了《中国与东盟关于非传统安全领域合作联合宣言》等，但是其约束力不强，并不能满足海上能源通道安全保障的需要②。

（三）能源突发事件应对措施缺乏权威性

为了预防和减少突发事件的发生，控制、减轻和消除突发事件引起的严重社会危害，规范突发事件应对活动，保护人民生命财产安全，维护国家安全、公共安全、环境安全和社会秩序，我国于2007年颁布实施了《中华人民共和国突发事件应对法》。该法适用于突发事件的预防与应急准备、监测与预警、应急处置与救援、事后恢复与重建等应对活动。因此，《突发事件应对法》也适用于能源突发事件的应对。

目前，针对特定类型的能源突发事件，国家有关部门编制了相

① 参见杨泽伟：《中国能源安全法律保障研究》，中国政法大学出版社2009年版，第118页。

② 参见吴菲：《气候变化背景下我国能源应急法律制度面临的挑战与对策》，暨南大学2014年硕士学位论文，第4页。

应的预案。例如，国家发改委编制实施的《煤电油运综合协调应急预案》，国家安监局编制实施的《陆上石油天然气开采事故灾难应急预案》、《陆上石油天然气储运事故灾难应急预案》、《海洋石油天然气作业事故灾难应急预案》，国家海洋局编制实施的《海洋石油勘探开发溢油事故应急预案》，国家电力监管委员会编制实施的《国家处置大面积停电事件应急预案》。

但是，《突发事件应对法》包括各种突发事件的应对，其立足点并非专门针对能源应急，对具体能源突发事件的应对来说规定得过于宽泛。而各部门制定的有关能源应急的预案，非常分散，而且主要局限于个别行业内，权威性不够。

（四）新能源法律政策不完善

根据能源适用的类型可分为传统能源和新能源。传统能源主要包括煤炭、石油、天然气等。新能源则是一个广义的概念，它不但包括风能、太阳能、水能、核能、地热能和生物质能等可再生能源或清洁能源，而且还包括通过新技术对传统化石能源的再利用，如从化石能源中提取氢、二甲醚和甲醇等。同时，能源资源的高效、综合利用以及节能等（如分布式能源、智能电网）也是新能源体系的重要组成部分①。

发展新能源是预防和应对能源危机，保障能源安全的长期措施。我国的新能源立法近年来取得了一定进展，但是在立法研究方面还很欠缺。一方面，中央和地方在新能源发展战略上还不够协调一致，立法前还做不到扎实开展资源调查，实现中央与地方规划的衔接。另一方面，各地对全国性立法以及部门规章和政策制定的参与不够，也很少能在充分调研的基础上制定适合本地区的可再生能源发展的地方性法规，因地制宜，弥补全国性配套政策的不足。近年来，我国修订一些能源法律，如 2008 年修订了《节约能源法》，2009 年修订了《可再生能源法》，适应了当前新能源的发展形势，推动了新能源法律政策的发展，但是仍未能形成完整的法律政策

① 参见杨泽伟主编：《发达国家新能源法律与政策研究》，武汉大学出版社 2011 年版，第 1 页。

体系。

另外，公众、企业及其他利益相关者没有获得充分发表意见的机会。缺乏立法研究论证，没有充分吸收公众意见，制定出来的法律在执行中也更难得到各方面的支持。

三、国际合作背景下我国能源应急法律制度面临的挑战

国际合作是保障能源安全、应对能源危机的大势所趋。在此背景下，我国能源应急法律政策建设也面临着诸多新的挑战。

（一）与国际社会共同面临气候变化的挑战

气候变化指除在类似时期内所观测的气候的自然变异之外，由于直接或间接的人类活动改变了地球大气的组成而造成的气候变化。① 气候变化造成极端天气、冰川消融、海平面上升、生态系统改变、旱涝灾害增加等后果，进而引起环境危机造成的能源危机。在生产和使用能源的过程中产生的温室气体被认为是引起气候变化的主要原因。大气中能产生温室效应的气体已经发现近 30 种，而使用化石燃料等传统能源是温室气体的主要来源。气候变化问题是国际社会面临的共同挑战。

为了控制温室气体排放和气候变化危害，1992 年联合国环境与发展大会通过《气候变化框架公约》，提出到 90 年代末使发达国家温室气体的年排放量控制在 1990 年的水平②。1997 年通过了《京都议定书》，规定了 6 种受控温室气体，明确了各发达国家削减温室气体排放量的比例，并且允许发达国家之间采取联合履约的行动，发展中国家温室气体的排放尚不受限制③。各国政府采取应对气候变化的政策包括限制化石燃料使用和温室气体排放，应用经济手段征收污染税费、实施排污权交易以及提供补助资金和开发援

① U. N. Framework Convention on Climate Change, May 9, 1992, S. Treaty Doc. No. 102-38 (1992), 1771 U. N. T. S. 108.

② Ibid.

③ Kyoto Protocol to the U. N. Framework Convention on Climate Change, Dec. 10, 1997, 37 I. L. M. 32.

助等。面对全球气候变化问题，很多国家已把开发节能和新能源技术列为能源战略的重点。

中国作为世界上最大的能源消费国①以及一个负责任的大国，不能仅仅等待发达国家提供资金和技术支持，也需要制定相应的任务承担计划。一个国家有无比较完备的气候变化立法体系是衡量该国应对气候变化问题水平高低的重要标志②。从能源应急法律政策的角度来看，我国有必要借鉴欧盟应急能源立法经验，在制定能源基本法以及其他能源应急法律时，应把控制温室气体排放、应对气候变化战略作为长期应急措施结合进去，再逐步加强有关部门规章和地方法规中应对气候变化的内容，逐渐形成体系。

（二）转变能源应急立法理念的挑战

立法理念决定立法活动的根本性、全局性和方向性。对于能源应急法律制度来说，确立其立法的基本原则和价值观念，是指导能源应急立法活动的根本要求。

我国能源应急立法理念不能停留在单纯地满足能源的供应保障这一目标上，因为这种理念忽视能源的使用安全保障，忽视能源突发事件的应对，忽视能源的可持续使用，忽视能源使用对环境的影响，缺少对能源应急的长远和全局的考虑。③ 从欧盟能源应急法律政策的发展，我们可以看到能源应急法律日益与可持续发展概念相结合，能源供应安全和使用安全并重，长期能源应急措施和短期能源应急措施并举，这是能源应急法律的发展方向，体现了可持续、战略化和全面的能源安全观。

因此，树立新的能源安全观，转变传统能源立法理念，实现能源、环境、经济、社会可持续发展，是指导我国能源应急立法活动

---

① See *World Energy Outlook* 2011, available at www.worldenergyoutlook.org.

② 参见郭冬梅：《气候变化法律应对实证分析——从国家公约到国内法的转化》，《中国能源法研究报告2010》，立信会计出版社2011年版，第238页。

③ 参见吴菲：《气候变化背景下我国能源应急法律制度面临的挑战与对策》，暨南大学2014年硕士学位论文，第11页。

的观念基础。

（三）建设能源法律体系的挑战

我国能源法律制度并未形成完整体系。《能源法》作为能源部门的基本法尚未通过，无法发挥其在能源法律体系中的协调和衔接功能，这也导致能源法律制度无法完成其法律“体系化”的过程。① 另外，同一位阶的新旧能源法律间、不同位阶的能源法规间、能源法律与其他相关法律间、能源法律与政策间，不仅没有相互呼应，更是存在明显矛盾②。部分能源法律、法规与能源改革方向不相适应，前期颁布的法律内容陈旧，不适应能源和气候局势的需要。

除了能源法律制度结构中的单行法之间、法律与政策之间存在互相矛盾之外，能源法律政策与环境法等其他部门法之间的关系也不协调。在没有制定《能源法》这一部门基本法的情况下，这种状况无法得到改变。作为规范能源应急行为的能源应急制度，不可能在能源法律体系之外独善其身。因此，出台《能源法》，建设能源法律体系是完善能源应急制度的前提条件。

第二节　完善我国能源应急法律制度的建议

立足中国能源现状，借鉴国外先进的立法经验，逐步完善能源应急法律制度，是我国能源法制建设的重要内容。

一、在新能源安全观指导下树立立法目标

《中华人民共和国能源法》（征求意见稿）总则第一条表明了立法目标：“为了规范能源开发利用和管理行为，构建稳定、经济、清洁、可持续的能源供应及服务体系，提高能源效率，保障能源安全，推动资源节约型和环境友好型社会建设，促进能源与经济

① 参见张勇：《能源基本法研究》，法律出版社 2011 年版，第 31 页。

② 叶荣泗、吴钟瑚：《中国能源法律体系研究》，中国电力出版社 2006 年版，第 6 页。

社会的协调发展。”《中华人民共和国能源法》（征求意见稿）把发展能源应急放在突出位置，主要体现在第七章“能源储备”和第八章“能源应急”。同时，其总则第5条规定“国家积极优化能源结构，鼓励发展新能源和可再生能源……”并在第四章《能源开发与加工转换》中提出“国家优先开发应用替代石油的新型燃料和工业原料”，确定了长期能源应急措施的法律地位。体现了可持续的、战略化的、全面的能源安全观念。

《中华人民共和国能源法》作为我国能源领域的综合性立法，既要规范全局性问题，如能源安全、能源效率、能源管理、能源环境保护等；而且也要对其他各单行能源法不予调整的问题加以规范，发挥其宏观管理和对单行立法之间加以协调的作用①。

加快出台《中华人民共和国能源法》这一能源领域的基本法对树立能源法律的立法目标，指导能源应急法律制度起着关键作用。只有确立新能源安全观指导下的能源应急立法目标，统领能源应急法律政策建设的全局，才能够协调能源应急与能源综合管理、能源开发与加工转换、能源节约、能源价格、能源国际合作等能源法基本制度之间的关系，逐步形成统一协调的能源法律体系。

二、形成新能源法律政策体系

除了尚未出台能源部门的基本法以外，长期以来我国能源领域还存在主要依赖行政手段来进行管理的问题。我国涉及能源应急法规政策制定的行政部门很多。如前所述，目前国家发改委、国家能源局、财政部、住建部、农业部、科技部、国家海洋局等等都分别出台与新能源有关的规章和政策，呈现多头并行的局面。

各部门制定的规章和政策文件在政策取向、制度安排、程序规范、奖惩措施等方面不协调，交叉重复，甚至相互冲突的情况时有出现。例如，我国的可再生能源立法“规划缺乏足够的资源评价基础，规划目标缺乏科学预见性，国家和地方规划间缺乏相互衔

① 参见李艳芳：《论我国〈能源法〉的制定——兼论〈中华人民共和国能源法〉征求意见稿》，载《法学家》2008年第2期，第94页。

接，使可再生能源的发电规划同电网规划不同步、不协调的问题日益突出”①。这样必然影响法规、政策的质量，也难以形成清晰的法律政策框架。虽然2010年成立了国家能源委员会，但是到现在为止还未能形成能源委统一牵头，通过部门协作制定法规政策的新局面。

近年来，我国修订一些能源法律，如2008年修订了《节约能源法》，2009年修订了《可再生能源法》，适应了当前能源应急长期措施的发展形势，推动了能源应急法律政策的发展，但是仍未能形成完整的法律政策体系。

我国应做好能源应急法律政策体系规划。首先，需要加快《能源法》的立法工作是毋庸置疑的，这是形成能源应急法律体系的基础；其次，还需要制定《核能法》，改变核安全领域仅有部门规章和政策文件的状况；再次，由于能源应急涉及多部门，在部门规章和政策制定方面需要进行全面清理，淘汰不适应能源发展形势或与上位法不一致的部分，修改相互之间不协调的部分，整理公布清理结果，作为行政管理的依据。

在能源应急法律政策体系规划下，才能形成《能源法》为基础，《能源储备法》、《能源突发事件应对法》、《可再生能源法》、《节约能源法》、《核能法》、《电力法》为主干，能源应急行政法规、规章、政策为细节的统一协调、相互联系和补充的能源应急法律政策体系。

三、提高能源应急法律政策的执行力

进入21世纪以来，我国能源法律政策的制定取得了一定进展，社会各方面也都逐步重视能源立法工作，但是已经颁布的法律法规政策在执行方面却困难重重，很多具体制度无法落到实处。

修改后的《可再生能源法》对配套电网建设、服务体系、保

---

① 参见汪光焘：《第十一届全国人民代表大会常务委员会第十二次会议上〈关于修改《中华人民共和国可再生能源法》草案的说明〉》，《全国人大常委会公报》2010年第1期。

障措施等方面做了具体规定，强化了电网企业建设电网配套设施的义务，但是在实践中却很难付诸实施，并网问题成为导致风电机组等可再生能源设备大量闲置的主要因素①。

要增强能源应急法律政策执行力，首先必须确立统一的能源主管部门。国家能源委和国家能源局目前都还未能真正集中行使相关权力，有必要将国家能源委建设成欧盟可再生能源委员会、英国可再生能源应用办公室这样的机构，能够协调制定部门规章和其他规范性文件，统一行使在新能源发展领域的行政职能，监督能源法律政策的执行。

目前我国需要重视法律政策的执行，尤其是全国性政策在地方、在企业的执行，加大中央部门与地方政府及企业的沟通，了解执行难的症结所在，理顺关系，促使地方和企业积极执行能源应急法律政策。

最后，我国还要加强公众培训和教育，让公众有机会充分了解能源应急以及相关法律政策，这不但能促使公众自身理解和支持能源应急政策，还能发挥公众的积极性，对政府及企业的行为进行监督，保障能源应急法律政策的落实。

中国能源应急法律制度的完善是一个综合性、系统性的工程，需要在新能源安全观的指导下，转变能源应急立法理念，发展能源储备、跨国能源通道安全、能源突发事件应急、新能源等各领域的法律制度，并协调能源法律政策之间的关系，形成能源应急法律体系，提高能源应急法律政策的执行力，方能应对新的能源形势下的各种突发事件和能源危机的挑战。

---

① 参见陈兴华：《对我国清洁能源产业发展的反思及立法跟进》，《中国能源法研究报告2010》，立信会计出版社2011年版，第123页。

附录　欧盟成员国名单

序号	英文名称	简称	中文名称
1	Austria	AT	奥地利
2	Belgium	BE	比利时
3	Bulgaria	BG	保加利亚
4	Cyprus	CY	塞浦路斯
5	Croatia	HR	克罗地亚
6	Czech Republic	CZ	捷克共和国
7	Denmark	DK	丹麦
8	Estonia	EE	爱沙尼亚
9	Finland	FI	芬兰
10	France	FR	法国
11	Germany	DE	德国
12	Greece	EL	希腊
13	Hungary	HU	匈牙利
14	Ireland	IE	爱尔兰
15	Italy	IT	意大利
16	Latvia	LV	拉脱维亚
17	Lithuania	LT	立陶宛
18	Luxembourg	LU	卢森堡
19	Malta	MT	马耳他
20	Netherlands	NL	荷兰

续表

序号	英文名称	简称	中文名称
21	Poland	PL	波兰
22	Portugal	PT	葡萄牙
23	Romania	RO	罗马尼亚
24	Slovakia	SK	斯洛伐克
25	Slovenia	SI	斯洛文尼亚
26	Spain	ES	西班牙
27	Sweden	SE	瑞典
28	United Kingdom	UK	英国①

① 英国于2016年6月23日举行了公投，决定脱离欧盟。2017年3月16日，英国女王伊丽莎白二世批准“脱欧”法案，授权英国首相特蕾莎·梅正式启动“脱欧”程序。

参考文献

（一）中文译著

1. ［德］马克斯·韦伯：《论经济与社会中的法律》，张乃根译，中国大百科全书出版社 1998 年版。

2. 欧洲共同体官方出版局编：《欧洲联盟条约》，苏明忠译，国际文化出版公司 1999 年版。

3. ［美］爱蒂丝·布朗·魏伊丝：《公平地对待未来人类：国际法、共同遗产与世代间平衡》，汪劲等译，法律出版社 2000 年版。

4. ［德］维尔纳·魏登费尔德、沃尔夫冈·韦塞尔斯主编：《欧洲联盟与欧洲一体化手册》，赖志金、裴晟等译，中国轻工业出版社 2001 年版。

5. ［美］迈克尔·T. 克莱尔：《资源战争：全球冲突的新场景》，童新耕、之也译，上海译文出版社 2002 年版。

6. ［挪］斯万·S. 安德森、契尔·A. 艾里亚森主编：《欧洲政策制定》，陈寅章等译，国家行政学院出版社 2003 年版。

7. ［德］贝娅特·科勒-科赫等著：《欧洲一体化与欧盟治理》，顾俊礼等译，中国社会科学出版社 2004 年版。

8. ［俄］斯·日兹宁：《国际能源政治与外交》，强晓云译，华东师范大学出版社 2005 年版。

9. ［澳］艾德里安·J. 布拉德布鲁克主编：《能源法与可持续发展》，曹明德等译，法律出版社 2005 年版。

10. ［美］霍华德·格尔勒：《能源革命——通向可持续未来的政策》，刘显法等译，中国环境科学出版社 2006 年版。

11. ［法］德尼·西蒙：《欧盟法律体系》，王玉芳、李滨、赵海峰译，北京大学出版社 2007 年版。

12. ［荷兰］尼科·斯赫雷弗：《可持续发展在国际法中的演进：起源、涵义及地位》，汪习根、黄海滨译，社会科学文献出版社 2010 年版。

13. ［德］Ulrich Steger 等著：《能源系统的可持续发展与创新》，廖华等译，机械工业出版社 2011 年版。

（二）中文著作。

1. 李俊峰、王仲颖：《中华人民共和国可再生能源法解读》，化学工业出版社 2005 年版。

2. 中国现代国际关系研究院经济安全研究中心编：《全球能源大棋局》，时事出版社 2005 年版。

3. 郭关玉：《中国—欧盟合作研究》，世界知识出版社 2006 年版。

4. 姜润宇主编：《石油战略储备：欧盟的储备体制及其借鉴意义》，中国市场出版社 2007 年版。

5. 国家发展和改革委员会能源局编：《能源法律法规政策汇编（上下卷）》，中国经济出版社 2007 年版。

6. 曾令良：《欧洲联盟法总论：以〈欧洲宪法条约〉为新视角》，武汉大学出版社 2007 年版。

7. 黄进主编：《中国能源安全问题研究》，武汉大学出版社 2008 年版。

8. 龚向前：《气候变化背景下能源法的变革》，中国民主法制出版社 2008 年版。

9. 何沙、秦扬主编：《国际石油合作法律基础》，石油工业出版社 2008 年版。

10. 周弘、［德］贝娅特·科勒-科赫主编：《欧盟治理模式》，社会科学文献出版社 2008 年版。

11. 程卫东主编：《欧盟法律创新》，社会科学文献出版社 2008 年版。

12. 吕振勇：《能源法简论》，中国电力出版社 2008 年版。

13. 王泰铨：《欧洲联盟法总论》，台湾智库 2008 年版。

14. 吴磊：《能源安全与中美关系》，中国社会科学出版社2009年版。

15. 杨泽伟：《中国能源安全法律保障研究》，中国政法大学出版社2009年版。

16. 何志鹏：《发展权与欧盟的法律体制》，吉林大学出版社2009年版。

17. 肖兴利：《国际能源机构能源安全法律制度研究》，中国政法大学出版社2009年版。

18. 高宁：《国际原子能机构与核能利用的国际法律控制》，中国政法大学出版社2009年版。

19. 冯建中：《欧盟能源战略：走向低碳经济》，时事出版社2010年版。

20. 程荃：《欧盟新能源法律与政策研究》，武汉大学出版社2012年版。

21. 白中红：《〈能源宪章条约〉的争端解决机制研究》，武汉大学出版社2012年版。

22. 高世宪、朱跃忠等：《依托"一带一路"深化国际能源合作》，中国经济出版社2016年版。

23. 许勤华主编：《中国能源国际合作报告2015/2016——"一带一路"能源报告》，中国人民大学出版社2016年版。

（三）中文论文。

1. 胡德胜：《可持续发展是国际法的一项基本原则》，载《郑州大学学报》（哲学社会科学版）2001年第2期。

2. 金启明：《欧盟能源政策综述》，载《全球科技经济瞭望》，载2004年第8期。

3. 肖主安、陆根法：《欧盟可持续能源政策及其对中国的启示》，载《环境保护》2005年第1期。

4. 杨泽伟：《我国能源安全保障的法律问题研究》，载《法商研究》2005年第4期。

5. 崔宏伟：《实现中国能源安全战略——兼谈欧洲经验的借鉴》，载《世界经济研究》2005年第6期。

6. 蒋一澄：《欧盟能源政策：动力、机制与评价》，载《浙江社会科学》2006 年第 1 期。

7. 杨泽伟：《“东北亚能源共同体”法律框架初探》，载《法学》2006 年第 4 期。

8. 郭志俊：《欧盟共同能源政策：制约因素及路径选择》，载《国际论坛》2006 年第 5 期。

9. 程春华：《欧洲能源宪章与俄欧能源合作》，载《国际石油经济》2006 年第 6 期。

10. 杨泽伟：《反恐与海上能源通道安全的维护》，载《华东政法学院学报》2007 年第 1 期。

11. 杨泽伟：《欧盟能源政策及其对我国的启示》，载《法学》2007 年第 2 期。

12. 齐绍洲、李萌：《欧盟能源效率与“欧洲理智能源计划”评析》，载《法国研究》2007 年第 2 期。

13. 龚向前：《欧盟能源市场化过程中供应安全的法律保障》，载《德国研究》2007 年第 2 期。

14. 马俊驹、龚向前：《论能源法的变革》，载《中国法学》2007 年第 3 期。

15. 杨光：《欧盟能源安全战略及其启示》，载《欧洲研究》2007 年第 5 期。

16. 毕洪业：《俄罗斯与欧盟能源对话：成果、问题及前景》，载《国际石油经济》2007 年第 5 期。

17. 郭志俊：《欧盟能源政策的环境因素及其对中国的启示》，载《环境保护》2007 年第 12 期。

18. 金永明：《论合作：构建和谐世界之方法与途径——以国际法领域的相关制度为中心》，载《政治与法律》2008 年第 2 期。

19. 李艳芳：《论我国〈能源法〉的制定——兼论〈中华人民共和国能源法〉》征求意见稿，载《法学家》2008 年第 2 期。

20. 杨泽伟，国际能源法：《一个新的国际法分支》，载《华冈法粹》第四十期，2008 年 3 月。

21. 程春华：《欧盟新能源政策与能源安全》，载《中国社会科学院研究生院学报》2009 年第 1 期。

22. 闫瑾、姜姝：《欧盟能源安全政策分析——新制度主义视角》，载《国际论坛》2010 年第 5 期。

23. 高云辉、曹国慧：《欧盟能源市场整合及一体化举措与进程》，载《社会科学战线》2010 年第 6 期。

24. 黄颖：《跨界自然资源国际法规则的新发展——从可持续发展原则说起》，载《云南师范大学学报》（哲学社会科学版）2011 年第 3 期。

25. 程荃：《论能源危机对欧盟能源应急法律政策发展的影响》，载《暨南学报》（哲学社会科学版）2015 年第 1 期。

26. 程荃：《论欧盟能源应急制度中的国际合作及对中欧合作的思考》，载《暨南大学法律评论》第四卷，2015 年 2 月。

27. 程荃：《中国—欧盟能源合作的法律原则与发展趋势——以〈可持续能源安全方案〉为视角》，载《暨南学报》（哲学社会科学版）2016 年第 7 期。

（四）英文著作

1. Gregory F. Treverton, *Energy and Security*, Gower Publisher Company Limited 1980.

2. Charles K. Ebinger, *The Critical Link: Energy and National Security in the 1980s*, Ballinger Publishing Company 1982.

3. Nobert Pelzer, *Status, Prospects and Possibilities of International Harmonization in the Field of Nuclear Energy Law*, Baden-Baden 1986.

4. International Nuclear Law Association, *Nuclear Law and Nuclear Energy for the Future*, 1992.

5. David S. Macdougall, Thomas W. Walde, *European Community Energy Law*, Kluwer Law International 1994.

6. Stephen George, *Politics and Policy in the European Union*, New York: Oxford University Press, 1996.

7. Janne Haaland Matlary, *Energy Policy in the European Union*, Macmillan Press Ltd. , 1997.

8. Rex J. Zedalis, *International Energy Law: Rules Governing*

Future Exploration, Exploitation and Use of Renewable Resources, Ashgate Publishing Company 2000.

9. Jo Shaw, *Law of the European Union* (3rd Edition), Hampshire: Palgrave Macmillan Ltd., 2000.

10. Martha M. Roggenkamp etc. ed., *Energy Law in Europe: National, EU and International Law and Institutions*, Oxford University Press 2001.

11. Rex. J Zedalis, *International Energy Law: Rules Governing Future Exploration, Exploitation, and Use of Renewable Energy Resources*, Ashgate Publish Ltd. 2001.

12. Thomas N. Shaw, *International Law* (5th *ed.*) Cambridge University Press, 2003.

13. Richard L. Ottinger, Nicolas Robinson, Victor Tafur, *Compendium of Sustainable Energy Laws*, Cambridge: Cambridge University Press, 2004.

14. Adrian J. Bradbrook, Rosemary Lyster, Richard L. Ottinger, Wangxi, *The Law of Energy for Sustainable Development*, New York: Cambridge University Press, 2005.

15. Jan H. Kalicki, David L. Goldwyn. *Energy and Security: Towards a New Foreign Policy Strategy*, The John Hopkins University Press, 2005.

16. Peter Cameron, *Legal Aspect of EU Energy Regulation*, Oxford University Press, 2005.

17. Martha M. Roggenkamp etc. ed., *Energy Law in Europe: National, EU and International Law and Institutions* (2nd ed), Oxford University Press 2007.

18. M. Roggenkamp, C. Redgwell, I. Del Guayo, Energy law in Europe: National, EU and International Regulation (2nd Edition), Oxford University Press 2007.

19. Ecofys, *Financing Renewable Energy in the European Energy Market* (Final Report), by order of European Commission, DG Energy,

January 2011.

(五)英文论文.

1. Harold Lubell, "Security of Supply and Energy Policy in West Europe", *World Politics*, Vol. 13, No. 3, 1961.

2. David A. Deese, "Energy: Economics, Politics and Security", *International Security*, Vol. 4, No. 3, 1979.

3. P. R. Odell, "Global and Regional Energy Suppliers", Energy Policy, Vol. 20, No. 4, 1992.

4. Adrain J. Bradbrook, "Energy Law as an Academic Discipline", *Journal of Energy & Natural Resources Law*, Vol. 14, No. 2, 1996.

5. Daniel Yergin, "Energy Security in the 1990s", *Foreign Affairs*, Vol. 67, No. 1, 1998.

6. Karen McMillan, "Strengthening the International Legal Framework for Nuclear Energy", *Georgetown International Environmental Law Review*, Vol. 13, No. 3, 2001.

7. Timotby E. Wirtb, C. Boyden Gray and John D. Podesta, "The Future of Energy Policy", *Foreign Affairs*, Vol. 82, No. 4, 2003.

8. Lakshman Guruswamy, Energy, Environment and Sustainable Development, *Chapman Law Review*, Vol. 8, No. 1, 2005.

9. Lakshman Guruswamy, a New Framework: Post-Kyoto Energy and Environmental Secutity, *Colorado Journal of International Environment Law and Policy*, Vol. 16, No. 2, 2005.

10. Gawdat Bahgat, "Europe's Energy Security: Challenges and Opportunities", International Affairs, Vol. 82, No. 6, 2006.

11. Daniel Yergin, "Ensuring Energy Security", *Foreign Affairs*, Vol. 85, No. 2, 2006.

12. Kornelis Blok, "Renewable Energy Policies in the European Union", *Energy Policy*, Vol. 34, No. 3, 2006.

13. Yang Zewei, "International Energy Law: Has It Emerged as a New Discipline of International Law? "*AALCO* Quarterly Bulletin, Vol. 3, No. 3, 2007.

14. Dalia Streimikiene et al. ," Use of EU Structual Funds for Sustainable Energy Development in New EU Member States", *Renewable & Sustainable Energy Reviews*, Vol. 11, No. 6, 2007.

15. Frank Umbach, Towards a European Energy Foreign Policy?, *Foreign Policy in Dialogue*, Vol. 8, No. 20, 2007.

16. Yang Zewei etc. , "China's Energy Security: Challenges and Responses", *Oil, Gas & Energy Law Intelligence*, Vol. 6, No. 1, 2008.

17. Tyler Hagenbuch, "Establishing an Aggressive Legal Framework for the Future of Wind Energy in Europe", *Vanderbilt Journal of Transnational Law*, Vol. 42, No. 5, 2009.

18. Carlos Padros, Endrius E. Cocciolo. , "Security of Energy Supply: When Could National Policy Take Precedence over European Law?" *Energy Law Journal*, Vol. 31, No. 1, 2010.

19. Lakshman Guruswamy, "Energy Justice and Sustainable Development", *Colorado Journal of International Environment Law and Policy*, Vol. 21, No. 2, 2010.

20. Stathis N. Palassis, "Beyond the Global Summits: Reflecting on the Environmental Principles of Sustainable Development", *Colorado Journal of International Environment Law and Policy*, Vol. 22, No. 1, 2011.

(六)相关网站

1. 中文网站

[1]中华人民共和国中央人民政府网址 http://www.gov.cn

[2]国家发展与改革委员会网址 http://www.sdpc.gov.cn

[3]中华人民共和国财政部网址 http://www.mof.gov.cn

[4]中国国土资源部网址 http://www.mlr.gov.cn

[5]国家能源局网址 http://nyj.ndrc.gov.cn

[6]中国新能源网网址 http://www.newenergy.org.cn/

[7]中国资源综合利用协会网址 http://www.carcu.org/

2. 英文网站

[1] European Union(EU): http://europa.eu/index_en.htm

[2] European Commission: http://ec.europa.eu

[3] EURATOM: http: //www. euratom. org/

[4] International Atomic Energy Agency (IAEA): http: //www. iaea. org

[5] International Energy Agency (IEA): http: //www. iea. org

[6] World Energy Outlook: http: //www. worldenergyoutlook. org

[7] International Gas Union (IGU): http: //www. igu. org

[8] New Energy and Industrial Technology Development Organization(NEDO): http: //www. nedo. go. jp/english/

[9] Organization of Petroleum Exporting Countries (OPEC): http: //www. opec. org

[10] The Energy Charter Treaty: http: //www. encharter. org/index. jsp.

[11] World Coal Institute (WCI): http: //www. wci-coal. com

[12] WorldEnergy Council (WEC): http: //www. worldenergy. Org

[13] World Meteorological Organization(WMO): http: //www. wmo. ch

[14] World Petroleum Council (WPC): http: //www. world-petroleum. org

[15] Australian Mining & Petroleum Law Ass.: http: //www. ampla. org

[16] BP Statistical Review: http: //www. bp. com/centres/energy 2002

[17] Centre for Energy and Resources Law: http: //www. law. unimelb. edu. au/cerl/

[18] Energy Intelligence Group: http: //www. energyintel. com

[19] Energy Law Net: http: //www. energylawnet. com

[20] Energy and Mineral Law Foundation: http: //www. emlf. org

[21] UNCTAD Mineral Resources Forum (MRF): http: //www. natural-resources. org/minerals